叢書・ウニベルシタス　897

共通価値　文明の衝突を超えて

シセラ・ボク
小野原雅夫 監訳／宮川弘美 訳

法政大学出版局

Sissela Bok
COMMON VALUES

Japanese translation rights arranged with
Professor Sissela Bok directly
through The Asano Agency, Inc. in Tokyo.

凡例

一、本書は、Sissela Bok, *Common Values*, University of Missouri Press, 2nd Edition, 2002. の全訳である。サブタイトル「文明の衝突を超えて」は、翻訳にあたり、訳者が付け加えた。

二、原文中のイタリック体には傍点を付した。ダッシュは、語句の挿入のために使われている場合はそのまま訳文に反映させたが、たんに文と文を結んでいる場合には省略した箇所もある。

三、本文中の原注は巻末に一括して訳出した。（ ）内のアラビア数字が原注番号である。

四、引用文中の［ ］内は、ボクによる補足である。

五、訳注は原則として、本文ないし原注の中に〔 〕で記した。

六、引用文献のうち邦訳があるものについては、〔 〕内に邦訳書誌を記した。ただし原則として原書から訳出したために、既訳書を参考にした場合はあるが、訳文をそのまま踏襲してはいない。

邦訳書誌は可能なかぎり原注内に記すこととした。したがって必ずしも初出箇所に記載されているとは限らない。原注内に挿入することができない場合、本文中のものは〔 〕内に記し、節冒頭の引用文については、訳注番号を付し巻末に記載した。原書誌が記されていない場合も、同様に訳注として巻末に記載した。〔 〕内の漢数字が訳注番号である。

目次

二〇〇二年版への序文

この本が最初に出版されてから七年が過ぎた。この間に、共通価値《コモン・ヴァリューズ》の果たしうる役割に関する意見の不一致が、かつてないほど鮮明になってきている。数多の脅威があらゆる境界を越えて増大しつつあり、これを免れている共同体は一つもない。それぞれの社会がそうした脅威に対処しようと企てているその傍らでは、共通価値をめぐってある拮抗状態が続いている。すなわち、一方では、互いに異なる価値体系を和解させるのは不可能であるとの宣言が冷徹に告げられ、またその一方では、共有される価値をずらりと並べて高らかに礼賛する声がこだましている。

例えば、二〇〇〇年九月に調印された国連ミレニアム宣言は、自由、平等、連帯、寛容、自然尊重、責任分担といった、広範囲にわたる一連の共通価値群――言い換えれば、歴史上のいかなる時代においても、また、ほとんどどの社会によっても、共通にはっきりした形で保持されたことのけっしてなかった理想――を一つ一つ掲げたために、当然のことながら懐疑の目を向けられることになった。というのも、このミレニアム宣言に調印した一五〇以上の国の大統領や首相その他の国家代表の中には、世界で最も圧制的で攻撃的な体制の元首も複数含まれていたのだ。にもかかわらず、彼らは、この宣言に謳われた一連の価値を支持することにも同意してみせたのである。

ミレニアム宣言が、翌年の9・11の攻撃の後ほど空ろに響いたことはない。この攻撃のニュースに対する反応は、恐怖、怒り、悲しみだけでなく、歓喜、他人の痛みへの歓びといったものまで様々であった。この攻撃は、罪なきひとびとの生命を奪ってはならないという根本的な道徳上の禁止に対する違反行為であり、主だった宗教すべてにおいてこうした違反は糾弾されたが、攻撃の実行犯とそのリーダーらは、それが神命によるものであったと宣言した。9・11の攻撃は、その規模と衝撃において前例のないものであったかもしれないが、こうした違反は人類史上けっして目新しいものではない。しかも、件の飛行機が世界貿易センターとアメリカ国防総省を攻撃しているまさにその時、様々な宗教や信念体系の名の下に、「テロリストを殺せ」という軍事行動《キャンペーン》が、アフリカ、中東、アジアでの紛争において進行中であった。

共通価値についての言辞を前に、懐疑はたしかに必要である。普遍的なものとして提示される価値の多くは、明白には共有されていない。また、養育の基本的な形態や、暴力、欺瞞、裏切りを規制する基本的形態といった最も根本的な価値でさえ、それらが共有されるのは、いかなる社会も、あるいは、家族さえも、それらの価値なくして生き残ることはできないだろう、といった意味においてのみである。今一つ別の意味においては、それらの価値はまさしく共有されていない——すなわち、部外者や見知らぬひとびと、敵にも適用されるものとして万人から承認されているわけではない。それでも、それらの価値があらゆる所で発生してこなければならなかったというまさにその事実こそが、それらの価値をいかに拡張するかについて対話を行うための、あるいは、奴隷制、テロリズム、大量殺戮、人身御供といった慣習を拒絶するための、そして、そうした慣習を是認する教義を批判するための、一つの基盤を与えるのである。

共有される価値についての言辞を健全なあり方で疑うことは有益でもあろうが、すべてに懐疑を向けるのはそれだけで危険を伴う。誇張された主張に幻滅したひとびとが、そうした徹底的な懐疑のせいで、社会は実際にはいかなる価値も共有していないのだ、という考えへと向かう場合もある。さらには、共有された価値をめぐる意味ある対話はありえないし、文化的、言語的な境界を越えた理解もありえない、という立場から、残虐な行為を前にしてひとびとが無抵抗たることを助長する可能性もある。

二十世紀の流れの中で、基本的価値を支えにした注目すべき革新的な対抗勢力が生じてきたが、今述べたような懐疑的態度はまた、そうした革新的な対抗勢力に対する無知を助長するおそれもある。この革新的な対抗勢力は、新たな制度や運動のほか、指導力、研究、外交等々の資源をもたらすものである。にもかかわらず、二十世紀の記録を無比の大戦争、大量殺戮、全体主義の一つとして総括するひとびとは、この対抗勢力を過度に無視している。[*1] 過度に、と言ったのは、二十世紀に憎しみや暴力が横行してきたのと同様に、それらの脅威に対抗する運動もまた生じていた、という背景を鑑みてのことである。例えば、軍備開発や産業における技術的進歩は脅威を拡大したけれども、それと同じく、技術がそれらの脅威と戦う非暴力的な復興手段の助けとなったのである。あるいは、非政府組織が、インターネットを駆使して領土侵略を防いだり、幼児誘拐や奴隷制の復活と戦ったりするべく努めている。また、研究活動も、争いを和解させたり、復興をもたらす制度上の変化を育んだり、人権を保護したりする等々の途上でその歩みを加速させてきた。

さらに、今日世界のいたる所で様々な形態の暴力が多くの共同体を破壊しているが、ここ十年の間に、それらの暴力形態に対処する全世界的《コレクティブ》努力に大いに貢献しうるであろう新たな材料が加わった。一例を挙げるなら、現在私たちは、ルワンダや旧ユーゴスラヴィアにおける戦争犯罪法廷や、一九七四年に発足した真相究明委員会、そして、特に大司教デズモンド・ツツ〔一九三一年―。南アフリカ出身。アパルトヘイト撤廃運動に尽力。一九八四年にノーベル平和賞受賞〕指導下の南アフリカ真実和解委員会の経験に頼ることができる。[*2] また、私たちは、どのようにして基本的価値が阻まれたり蝕まれたりするのか、暴力がいかにしてひとの心を支配しうるのかといったことを、明確に理解しつつある。暴力への寛容、犠牲者への冷酷さ、時には殺人そのものに対する嗜好を増大させる洗脳の効果についての新たな情報が、神経学、遺伝学、霊長類学、公衆衛生学、精神医学、政治学といった様々な領野から毎年発表されている。[*3]

これらの対抗勢力が勝ち抜くことを保証するものは何もない。だが、こうした対抗勢力を無視するなら、将来どうなるのかという問いに対して衰退を唱えるような、不必要な宿命論を招くことになるだろう。また、危機にあっては、放置しておくこと、つまり、参加者ではなくたんなる傍観者になるという選択をもたらすことだろう。脅威は、それに対処しようとする全世界的な努力にことごとく刃向かってくる。そうした中で、私たちは全世界的努力をいかにして最良のあり方で秩序立てるべきなのか。それぞれの社会がそうした考察をするにあたり、9・11攻撃の実行犯によって行われた根本的価値への挑戦は、共有される価値の範囲を最も包括的に捉える主張について深刻な再考を促しただけでなく、それら共有される価値がもつ不可欠の役割を明確に認識させることにもなった。9・11攻撃の三ヶ月後、当時の国連事務総長だったコフィ・アナン氏は、彼のノーベル賞受賞記念講演で次のように述べている。

私たちは、砲火の門をくぐって第三の千年紀に入ることとなりました。もし今日――9・11の恐怖の後――、私たちがより注意深く、かつ、もっと先を見据えるなら、人類は分割できないものであることに気づくでしょう。新たな脅威は、人種、国家、宗教による区別をしません。新たな不安が、富や地位に関わりなく、どのひとの心にも入り込んでいます。若者から老人にいたる誰もが、私たち皆を団結させる絆への深い悟りをしっかりと胸のうちに秘めているのです。[*4]

9・11の攻撃は、集団生活においてはもちろん個人の生活においても、何を最優先させるべきかについて変化をもたらした、と報告されている。すなわち、生き残りや繁栄のために最も直接に関わる重要な価値とは何かについての再考を促したのである。こうした反応は、自己防衛や、直接犠牲になったひとびとへ援助の手を差し伸べるといった本能的な最初の反応をはるかに凌ぐものであった。ひとは、自分の旅行計画についてだけでなく、仕事、家族、共同体での生活等々への関わり方についても見つめ直すこととなった。国際的な議論の場では、緊急性という概念のもつ新たな意味を、攻撃に対する即時的な自己防衛反応にだけでなく、世界のいたる所で人命を脅かしている貧困、病気、人道的緊急事態などの状況に対処するための活動にも適用すべきだと多くのひとが論じている。将来は、それらの対策がいかに長く続き、また、いかに広範囲に影響を与えられるようになるか、ということが課題となろう。ジョセフ・スティグリッツは、これを次のように述べている。

9・11はテロリズムに対する世界規模の同盟をもたらした。今我々にとって必要なのは、悪に対抗する同盟だけではない。何らかの肯定的なもののための同盟――貧困を減少させたり、より良い環境を創出したりするための地球規模での同盟、より強固な社会的正義を伴ったグローバルな社会を作り出すための同盟――も必要なのだ。[*5]

*1　Eric Hobsbawm, *The Age of Extremes: A History of the World, 1914–1991* (New York: Pantheon Books, 1994), 13.〔エリック・ホブズボーム、河合秀和訳『20世紀の歴史――極端な時代』三省堂、一九九六年〕、および Jonathan Glover, *Humanity: A Moral History of the Twentieth Century* (London: Jonathan Cape, 1999).

*2　Desmond Mpilo Tutu, *No Future without Forgiveness* (Garden City: Doubleday, 1999).

*3　拙著 *Mayhem: Violence as Public Entertainment* (Cambridge: Perseus Books, 1998) を見よ。

*4　Kofi Annan, Nobel Lecture, Oslo, December 10, 2001.

*5　Joseph E. Stiglitz, "Globalism's Discontents," *American Prospect* 13 (Winter 2002): Special Supplement, A21.

序論

歴史を振り返ってみれば、世界規模の倫理への企てはいくつも散見される。それは、あたかも砂漠にうち捨てられた貯水池のようである。例えば、空想主義、誇大主義、常識主義、全体主義——この百年の間、私たちはこれらのすべてを見てきた。民族的、宗教的対立が実に多くの地域を荒廃させてきたことを思うと、文化、宗教、民族等々の境界を越えて容認されうる価値について語ることは、いっそう空想的と見えるだろうし、北半球と南半球、東洋と西洋、男性と女性、年配者と若者、入植者と先住民族それぞれの間にある根本的な価値の相違について強調する多くのひとびとにとっては、実に不快であるとさえ思われるだろう。

共通価値を掲げたスローガンは、しばしば改宗や征服の試みを隠蔽するのにきわめて巧妙に用いられるのであり、それらのスローガンに対する警告は、たしかに大いに必要とされる。それでも、現在多くの社会がともに直面している難問の本性やその及ぶ範囲を鑑みるなら、異文化間の対話と選択の基盤となる根本的な道徳価値を探し出すことが急務である。だとすれば、いかなる意味において、そして、いかなる制約、保障、条件をもってすれば、私たちは共通の倫理への見通しを最善の方法で問うことになるのだろうか。

この著作で私が示唆するのは、社会的その他の境界を越えて最も容易に容認されるほどに現実的でありきたりの、限られた数の価値を探求することである。それらの価値は、今述べたような意味で共通であり、かつ、尊重されるべきだと承認されるかぎりは、現在必要とされる対話と協働を企てるための基盤を与えることができる。しかし、それらはまた虐待――普遍主義的な政治、宗教、道徳等々の教義という名目や、民族上、宗教上、政治上その他、多様性の名の下に行われている虐待を含む――を批判する際の基準を提供できるだけの明確さも備えていなければならない。

私たちは、何としてでもそうした価値を探し出さねばならない。また、それらの価値をより包括的で構想力に富んだ方法で用いるための見通しを是が非でも追究し、自然な障壁であれ人為的に設けられた障壁であれ、どんな障壁を前にしても歩みを止めることのない難問に対処する実践的場面に備えなければならない。二十世紀の終わりを迎え、これまで夢想だにしなかった、すべての国境や境界を越えて行われるべき協働の可能性が開けてきている。しかし、私たちが抱える問題は深刻かつ甚大であって、先例のないレベルでの協働を否応なく必要としてもいる。情報、資本、旅行者、商品は、かつてないほどに世界的な規模で、境界を越えて移動している。しかし、同じことは汚染、エイズなどの伝染性疾患、飢饉、自然災害についても言えるのであり、これらは文化的、民族的、宗教的その他のいかなる壁も斟酌しない。同様に、テロリストや、ドラッグ、武器の取引を不正に行う商人らは、厳重な旅券規制と税関をくぐり抜けてきた。温室効果や地球のオゾン層破壊といった長期にわたる環境問題は、国籍、宗教、人種に関係なく、あらゆる場所で子供の将来に影響を及ぼす。さらに、ルワンダやボスニアで見られたような人道的緊急事態も、当事国内部にのみ関わる問題と見ることはできず、国際社会全体に様々な政策を提起させずにいるはずがない。

これらは、世界規模の問題を連動させている。したがって、それらへの対処も全世界的なものでなければならないのであり、さらに、地域レベルから国家レベル、国際的レベルにいたる諸々のレベルで行われる努力を奨励、調整していくものでなければならない。さもなければ、その効果を期待すらできないのは間違いない。私たちには、この一世紀やそれ以前の数世紀の負の遺産によって躓いたり、後戻りしたりしている余裕はない。それなのに、各国政府や援助機関、国際的な諸団体は、間近の実にひどい危機に直面した時でさえ、食い違う目的に向けた一時凌ぎ的な行動を繰り返してきたのであり、その一方で、各社会は困窮に陥ったり、野蛮な行為に走ったり、時には大量虐殺を犯したりしている。

どうすることもできないという深刻な落胆や感情が、そのような状況によってもたらされる。そうした感情は、生き残ることも危ぶまれるような、現在直面している脅威の大きさそのものを意識することによって増大される。二十世紀も終わりに近づいた今日、世界銀行が「絶対的貧困者」と呼ぶひとの数は、百三十億人にまで上っている。これは、一九七〇年代後半からだけでも五〇%の増加である。(1)二十世紀の初めに地球上の全人口を構成していたのとほぼ同じ数の人類が、今日貧困のうちに暮らしている。二十世紀に戦争に巻き込まれて死んだひとの数は、ローマ陥落からの千六百年間におけるより多い。一般市民は最大の危機に晒されている。戦争による全犠牲者数に対する一般市民の死者数の割合は、すでに四十年前に五〇%にまで達していたという酷い状況であるのに、現在ではその割合は九〇%に達し、(2)想像だにできないほどである。この間に、三千万人以上のひとが戦争や紛争で殺害されており、四千万人以上が「大規模移民の異常発生」(3)の一部となっている。

しかしながら、人類の悲惨な状況がこれほどまでに大きく増悪する一方で、裕福なひとの数もよりいっそうの増加を見せている。二十世紀の経過とともに、多くの社会がかつてないほどの繁栄を獲得した。平均寿命、栄養状態、健康、読み書きの能力等々の世界レベルは向上し続けている。しかし、貧富の格差、すなわち、世界に広がる好機を利用できるひとと絶滅の瀬戸際で生活しているひととの格差は広がるばかりである。世界で最も裕福な二〇％のひとびとと、最も貧しい二〇％のひとびととの間の収入の格差は、この三十年間で倍増している(4)。

私の思うところでは、持てる者と持たざる者との間に見られるこうした拡大し続ける格差や、現在の苦痛の大きさと激しさそのものが、人権や義務、責務に関わるあらゆる既存概念に対する異議申し立てとなっている。今日の様々な条件の下で、人権賛美、黄金律の遵守、苦境のうちにある同胞を助けるという義務を深刻に受け止めること、大量虐殺の中止を求めて介入するという政府に課せられた法的責務を是認すること等々について語るとは、実際には何を意味するのだろうか。「巨大な貧困に対抗する世界十字軍の開始」を要請したり、「新たな世界的社会契約」について語ったりすることは、何を意味するのだろうか(5)。

これらの言葉によっていともたやすく、ひたすら注意の向かうこととなるその先にあるのは、拡大し続ける第二の格差、すなわち、言辞と現実との乖離である。空想的とも言うべきフレーズと、言葉で表現できないほどの残虐性や苦痛を前にしながら行動を起こさないこととの不一致に圧倒され、価値を主張することは今日の世界において無意味なスローガン以外の何ものでもない、と多くのひとが結論づける。この見解は、第一の格差に直面しながらどうすることもできないという不快な感覚をさらに助長する。

長年にわたってもち続けた道徳的信念に対するプレッシャーは、世界中の飢えた子供たちの顔や、込み合った難民キャンプで過ごす迫害の被害者たちのクローズアップ映像が衛星テレビによって茶の間に伝えられる昨今においては、よりいっそう直接的にのしかかってくる。二十世紀の初頭には、ニュースはもっとゆっくりと伝えられた。多くの惨禍がメディアで触れられることなく過ぎ去り、他人に関する情報は、じわじわと浸透していくのみであった。今日では、自然災害や軍事闘争、人権侵害、人道的危機が、世界のテレビ画面に絶えず映し出される。

この結果が第三の格差をもたらす。すなわち、関心をもつひとと、頑ななまでに無関心なひとや気にかけながらも無関心なひととの格差である。この格差はまた、道徳的反応にも関係する。私たちは、助けの必要なひとびとを援助しようとする個人の数が増大しているといった情報や、多くの共同体を手助けしたり発展を促したりするために世界中で活動している非政府組織の目覚ましい成長ぶりについての情報を耳にする。しかし、私たちは、より裕福な国の市民の間に「同情疲れ」が高まりつつあること、多くのひとや政府が、スイッチを切ったりチャンネルを変えたりして自分の観ているテレビ画面から世界の全地域を消そうとしていることもまた知っている。

これら三つの広がり続ける格差――持てる者と持たざる者との格差、言辞と現実との乖離、関心を寄せるひとと無関心なひととの格差――は、現在の手強い難問に向けて為されるあらゆる努力の効果を損なうものである。これらの格差の橋渡しをどうしたら望めるであろうか。そうした橋渡しを行うために、まずは二、三の広く認められた根本的な価値を強調することから始めるよう提起したい。それらの根本的価値は、この企図に基盤を与えうることだろう。その主要なものは、暴力および欺瞞の抑制であり、これらの抑制は、道徳的、宗教的なすべての伝統において認められる。たしかに、ある社会や文化にとってのよそ者や敵に対してもそうした抑制が適用されると考えられたことはきわめて稀であったし、まして、征服や改宗のための暴力を正当だと見なすひとびとは、なおさらそのようには考えなかった。けれども、以上の抑制はどこにおいても根本的なものだとひとたび認められるなら、それらの抑制が、異文化間の議論のための、さらには、共通の脅威に対する全世界的な対処のための共通の地盤を与えることとなる。

これらの価値を検討するため、私はまず一九九四年四月にミズーリ大学コロンビア校で私の行ったブリック講演を取り上げ、過去および現在のいくつかの試みについて考察することから始める。本書の第一章「文化的多様性と共通価値」は、本講演を改訂したものである。この第一章では、拙著『平和への戦略——人間の価値と戦争の脅威』での提起に基づき、戦略と道徳という二つのキーワード双方に依拠することを結論づける。これら二つの概念は、これまで長い間、戦争と平和、人類の生き残りといった問題を考えるに際し別々に使われてきた。けれども、戦略と道徳のどちらも、今や等しく不可欠と見なされねばならない。個人、集団、国家がかつてないほどの大きな危機に直面する中、どうすれば生き残りと繁栄という共通のゴールを最善の方法で守ることができるのか。この問いへの解答を探るために、私たちは、戦略を考え抜くという伝統はもちろん、道徳の伝統も利用しなければならない。また、それは両方の伝統において認識される根本的価値に基づいてのみ可能となる。

私が一九九四年のブリック講演を行う準備段階で興味を覚えたのは、以下に列挙する四つのまったく異なった国際的な研究や声明の中で取り上げられている、共通価値についての問題を検討することであった。それらは、根本的な道徳基準をテーマとするものだが、そのそれぞれが、共通価値についても明示的に提示したり、論じたり、異議申し立てを行ったりしている。その四つとは、一九九三年にウィーンで行われた国連世界人権会議、一九九三年八月にシカゴで行われた世界宗教会議、一九九三年の秋に出版された、道徳に関する教皇ヨハネ・パウロ二世の回勅、および、「グローバル・ガバナンスに関する国際委員会」の会合によって同年準備が始まり、一九九五年に出版された、共有される価値についての声明である。以上四つの声明に照らして共通価値の問題について検討できれば、それは有益であろうと思われた。また、それらの声明がこの問題をどう扱っているのかという観点からこれらの声明を検討することも、役に立つと思われたのである。

第一章で論じる共通価値についての諸研究に対しては、四つの重要な反論がある。それらの反論は、共通価値をめぐる議論の中で古代から提起されているものだが、ここ数十年の間、新たに、かつ、しばしば当を得た形で定式化されている。そのうちの二つは主に理論的性質のものだが、四つの反論を論拠に得られるいずれの結論も、異文化間の生産的な対話と協力を企てる可能性に対して、実践レベルで深刻なダメージを与えうる。しかしながら、四つの反論は、そうした生産的な対話や協力を促進しようとする現代の努力にとって注目すべき妥当性をもっており、またそれゆえに、四つの反論のどれも正当な警告を喚起しているはずである。このことを捉え損なって導かれた結論は、四つの反論から導かれる結論と同様に、対話と協力の可能性に対して実践レベルでの深刻なダメージを与えるだろう。これら四つの反論については、第二章から五章で取り上げる。

反論の一つ目は、人間の共通価値に関する主張も含めたあらゆる道徳的主張に対する、伝統的な懐疑主義的疑念に基づいている。「共通倫理の探求」（第二章）では、その現代版とも言える見解を取り上げる。それは、人類学者やその他の識者が、人類の多様性について現在私たちの知っていることをすべて前提にした上で、共有される価値の可能性という考えそのものに対して提起した異議申し立てである。

冷戦の終結以来数年にわたり、私たちはこの点について顕著な対比を見てきた。すなわち、一方では、アウン・サン・スーチー〔一九四五年―。ミャンマーの非暴力的民主化運動の指導者。「ビルマ建国の父」と謳われたアウン・サン将軍の娘〕やヴァーツラフ・ハヴェル〔初代チェコ大統領（在位一九九三―二〇〇三）〕といった擁護者が、自由、正義、人間の尊厳など彼らが普遍的と見なす理想のためにすべてを賭すことを望んでいる。他方、多くの知識人たちが、共有される価値についての意味ある論議はおろか、文化や言語の境界を越えた理解すらないとする見解に基づき、自国ないし他国の抱える人間の問題から距離を置いている。私が論じたのは、彼らの姿勢が一九二〇年代にジュリアン・バンダの書いた『知識人の裏切り』〔ジュリアン・バンダ、宇京頼三訳『知識人の裏切り（ポイエーシス叢書五）』未來社、一九九〇年〕を想起させるものだということである。そうした姿勢から帰結する消極性に反対するため、私は一群のミニマリズム的な共通価値を認める障壁について述べる。それを踏まえた上で、ミニマリズム的な共通価値が広く保持されるものであり、かつ、文化の違いを越えて遵守されるべきものであると認められるかどうか、その展望について検討する。

第二の反論は、あらゆる文化的境界を越え類似した根拠の下に正当化されうる価値がある、という主張を否定する。この反論もまた古代にその起源をもつが、この数十年、特に盛んに取り上げられてきた。というのも、異なる道徳的伝統や宗教的伝統を背景に、世界には価値に対する多くの異なった正当化の仕方があることへの、私たちの認識が進んできたからである。私は、異文化間で行われる何らかの形の討論や対話、協働が必要だと考えているが、仮に、いかなる価値群も共通の基礎や正当化をもたないとするなら、そうした価値群は、いかにして異文化間の討論や対話、協働のための適切な基盤を形成することができるのだろうか。この反論については、第三章「道徳の基盤とは何か――ミニマリズム的アプローチ」で取り上げる。道徳的価値に対する正当化は、どれほど一般的に行われるタイプのものであろうと、どれも共通には保持されそうにない、ということに私は賛成である。それらの価値のために神的権威を持ち出す立場もあれば、それらの価値を人間の本性に刻み込まれたものと見なす立場もある。あるいは、それらの価値はおそらくは自然秩序の一部として独立に存在し、「道徳的感覚」によって知覚されるのだろうとする立場もある。そのような基礎に関して同意を得るのは実際不可能だが、だからといって、その不可能性は、異文化間の理解、交渉、協力のための出発点としてミニマリズム的な基本的価値群に依拠することをけっして妨げるものではない、というのが私の結論である。

第三の反論は、国内外での倫理の役割に関して、「現実主義」的見解の祖トゥキュディデスに依拠したものである。この反論によっては、たとえ何らかの共通価値群が異文化間の対話の基盤として理論的に突き止められ提示されたとしても、それらが実践的な重要性を持ちうるのか、ということが問題にされる。これまでのところ、道徳的な配慮を政策決定に持ち込むのは素朴にすぎ、国家の最善の利害という観点からすると逆効果になることさえあるだろう、とする見解が大勢を占めてきた。第四章「永久平和の擁護者――空想主義者か現実主義者か」で、私はこの第三の反論に対する回答として、国際関係も含め、人間の相互作用のあらゆるレベルで倫理の果たす役割を重要視した思想家に向けられた、空想主義者という非難について検討する。その際、特にエラスムスとカントを取り上げた。また、レバノンやエチオピアなどの社会で軍隊や武装集団によってもたらされた貧困化、破壊、大量殺人と、旧東ドイツその他の地域で、非暴力的手段によって達成された目を見張る成功とを比較する。さらに、非暴力的な抵抗は、道徳上の抑制と戦略上の計画とが結びついたものであると言えるが、これは人権をより尊重したものであり、参加者に残虐行為が加えられたり腐敗をもたらしたりする可能性が比較的少ないだけでなく、より迅速で広範囲に及ぶ成果が期待できる、ということについても取り上げる。したがって、非暴力的抵抗は戦略的根拠と道徳的根拠のいずれから見ても好ましい、と私は考えている。

折しも、アフリカや旧ユーゴスラヴィアその他の地域では、民族的および宗教的紛争が、いつ果てるとも知れず全住民を苦境に陥れたままである。そしてまた、南アフリカ、アイルランド、カンボジア、近東では、敵対するそれぞれの陣営が、戦争によってはけっしてもたらされえない相互の安全保障を、平和的手段によって獲得しようと働きかけている最中である。そうした状況において、闘争に対する非暴力的アプローチと基本的価値を無視するアプローチとの相違は、いっそう目立つ形で大きくなるばかりである。調停に向けた努力のすべてが実を結ぶわけではない。しかし、私たち人間の抱える問題に対し、二つのアプローチのどちらを選ぶかということは、異なる宗教的世界観、政治体系、文明、民族集団等々の間のどんな争いよりも決定的に人類の運命を左右することになるだろうと私は確信している。現在二つのアプローチ間の競合は、多くの宗教的、政治的伝統の内部において行われている。けれども、この問題の核心は、最も根本的な道徳的抑制に背くよう強いる派閥根性に、国家や集団は屈服せざるを得ないのか、という点にある。それはすなわち、国家や集団は、争いに対して時代遅れとなった反応パターンをいつまでも再現しなければならないのか、と問うことであり、もっと言えば、戦略と倫理を結びつける以外の手段によって国家や集団の目標を達成することができるのか、という問いなのである(6)。

　しかしながら、第四の反論は、共通価値の重要性に同意するひとびとまでも悩ませる。この反論は、「善行を為す」努力が意図せずして危害に加担することになってしまう、というよく知られた問題に関するものである。この反論は、人間がそうした善行への意図を実践に移す際に誤りに陥りやすいことを認識させるだけのものであって、善行への意図そのものに向けられているわけではない。この反論は、ほとんどすべての道徳哲学者や宗教的思想家らによって探究されてきたが、ポスト冷戦時代に生じた人道的緊急事態を契機に、改めて劇的に脚色されるようになった。多くのひとが、近年起きた多くの戦争による被害者の置かれた絶望的苦境によって心を動かされており、ユニセフ〔United Nations Children's Fund 国連児童基金〕、赤十字社、ケア〔Cooperative for American Relief to Everywhere 米国援助物資発送協会〕その他、人道的援助を現地で実行する組織に対しては、かつてないほどの額の援助金が寄せられている。食料、住居、水、薬などを調達したり、医療従事者、技師、人権監視員、技術者として働いたりするため、世界中で多くのひとがそれらの組織に積極的に参加している。そうしたひとびとによる貢献は、是非にと要請されてきたものであり、非常に有益な場合も多い。しかし、それらの活動に従事するひとは、時に、自分たちが介入したことで紛争を長引かせたり、抑圧的政権を助けることになったり、大量虐殺を行う地方当局を正当化することにさえなったりしているのに気づき、絶望させられてきたのである。

　そうした状況下で最悪のこととは何だろうか。撤収し、それによって、子どもたちをはじめ、何の咎もないひとびとを見捨てることであろうか。あるいは、そうしたひとびとのために留まり続け、戦争と抑圧を永続させることであろうか。人道的援助を行うということは、現地にあっては実際には何を意味するのだろうか。そして、それは何を意味してきたのだろうか。例えば、大量虐殺が行われたルワンダでの紛争から逃れてきた難民たちのために設置された、政治犯収容所という名の難民キャンプにおいてはどうか。そうした活動によって誰が助けられ、誰が傷つけられたのか。人道的援助はどのような場合に実際に紛争を長引かせるのか。人権をより尊重するよう唱えるひとと、窮状が著しい場合は常に食料と住居の供給を優先すべきだと主張するひととの間には、どうしても軋轢が生じてしまうものなのか。組織や政府にとっての問題についてはもちろん、そうした援助活動の最前線にいる個人が抱える耐え難い問題について検討するに際し、道徳的考察と戦略的考察の双方を最良の形で結びつけるにはどうしたらよいのか。

これらの問題については、第五章「人道的緊急事態——誰の権利か、誰の責任か」で取り上げる。二十世紀の終わりを迎えるにあたり、先に述べた三つの格差——持てる者と持たざる者との格差、言辞と現実との乖離、関心をもつひとと無関心なひととの格差——は広がり続ける一方だが、これらの問題の全容と難しさについては、国際的、国内的いずれの議論においても検討が始められたばかりである。私たちはもちろんだが、現地で働くひとや政策決定者など、これらの葛藤に日々直面しているひとびとにも答えはまだ得られていない。その答えを探求することが、来るべき世紀における倫理の役割をめぐる議論の中心となって、世界中の協働者と敵対者を巻き込んでいくことだろう。彼らがミニマリズム的な共通価値群を認めさえすれば、少なくとも一つは出発点をもつことになるだろう。

第一章　文化的多様性と共通価値

全人類のための道徳の根拠となるであろう倫理学ないし道徳科学の方法を、私たちはどうしたら定式化できるだろうか。

H・W・シュナイダー『人類の道徳』

政府は、もしその背後に一致した道徳がなかったらどのように運営されるというのか。何が正しくて何が間違っているのかについて一般的な共有された感覚はないとしばしば言われるが、もしそうだとしたら法律はどうやって制定されるのか。……また、たとえ制定されたとしても、それらの法律はどうやって施行されるのか。

メアリー・ウォーノック『哲学の効用』

文化や言語その他の障壁を越えて共有される道徳を考えることには意味があるのか。「人類の道徳」についてハーバート・シュナイダーが彼の就任講演であるブリック講演で述べたように、私たちはいかなる意味で「人類の道徳」をいまだ語りうるであろうか。あるいは、メアリー・ウォーノックがある社会内での「一致した道徳」として言及したものについてはどうか(1)。さらに、そのように語りつつもなお、どうしたら私たちは文化その他の多様性に対する尊重を最も十分な形で認めることができるのか。多くが論ずるところでは、道徳的価値に関するかぎり相違と同一性の両方を尊重するよう主張することはできない。すなわち、一方では個人や文化の多様性を重んじるよう強調しておきながら、他方で、ある一定の道徳的価値は、人間であるということが意味するものの核心へと至るのであり、それらの価値はこの世の始まり以来常にあるし、私たちが私たちの人間性を見失うことにならないかぎり常にあるはずだと主張することは不可能だというのである。

そうした疑いも、もっともである。普遍的価値について語ったひとびとは、自身の宗教的および政治的価値体系を皆が採用すべきモデルとして強制的に押しつけようとしてきたのであり、それは過去においてあまりにも頻繁に行われた。さらに、世界のかくも多くの場所で行われる迫害や虐殺、さらには、私たち自身の社会において人種的、宗教的な暴力を煽動する金切り声のことを考えるなら、たとえ支配や征服の意図がない場合であっても、共通価値ないし一致した道徳を持ち出すことはたんに素朴にすぎるのではないかと問わねばならない。ヘンリー・ルイス・ゲイツ・ジュニアはそうした煽動について次のように書いている。

「百万人のアラブ人は、一人のユダヤ人の爪ほどの価値もない」と、ラビ・ヤコヴ・ペリンはバルフ・ゴールドスタイン〔Dr. Baruch Goldstein. 一九九四年二月、アル・イブラヒミ・モスクを攻撃。礼拝中のパレスチナ人に向けて自動小銃を乱射、四〇人以上の犠牲者と二〇〇人以上の負傷者を出した。カハ（後述）と提携していたとされる〕の葬儀における頌徳の中で述べた。この言葉は『出エジプト記』の一節に関する曲解の表われである。けれど、私たちはこの声を以前に聞いたことがある。それは、救世主の憎しみの声である。私たちはそれを、バルカン諸国やバントゥースタン〔南アフリカ共和国でアパルトヘイト（人種隔離政策）の一環として一九五〇年代から九四年まで設置された、バントゥー語系の黒人自治区〕で聞いた。ヒズボラ〔Hezbollah.「神の党」の意。レバノンのイスラム教シーア派の過激派組織〕やカハ〔Kach. 一九七一年に過激イスラエル系米国人ラビ・メイル・カハネが創設した、イスラエルのシオニスト原理主義組織〕によって、あるいは、ニューヨークのベンソンハースト〔もともとユダヤ系住民とイタリア系住民の多い地区だが、現在はロシアや中国からの移民も多い。マフィアの街というイメージが定着している〕の街中で聞いた。また、アメリカ黒人の悲嘆を理解しようとしているると打ち明けるひとからももちろんその声は聞かれた。「私は反ユダヤ主義ではない、などと言うつもりはけっしてない」とカーリッド・アブドゥル・ムハンマドは語った。「私は、神が私の敵を殺し、この地球上から連れ去って欲しいと祈っている」(2)。

共有されうる価値や、あらゆるところで守られねばならない権利について語ることは、もしかすると臆病の一つの形ですらあるのではなかろうか。すなわち、道徳の共約不可能性と不一致を証拠立てている人間の現実と向き合うのを避けるために、抽象的なものへと逃避することではないのか。ジョン・ホープ・フランクリン博士による一九九三年のブリック講演のタイトル――『肌の色による差別』――はまさに、共有される価値についての安易な言辞と人種差別や疑り合いという苦い現実との隔たりについて多くを語っている。彼の講演は、そうした構図から離れるために必要となる大規模な、「私たちの歴史を転換させるための誠実な努力」の概略を示している(3)。

その可能性すら否定するひともいる。ドイツの社会批評家ハンス・マグヌス・エンツェンスベルガーはその著『市民戦争』の中で、人権といった普遍的価値についての論及をすべて無価値なものとして斥ける。彼は、社会的、人間的価値すべての崩壊が各都市でウィルスのように広まりつつあり、さらには、世界中の社会を制覇しようとしている、と捉えている。「今ほど人権について多くが語られることはけっしてなかったし、人権を文言としてのみ知るひとの数もこれほど多かったことはかつてない(4)」。暴力という伝染病が広まる中で彼が予見しているのは、全世界的《コレクティブ》な対処がますます無益になるだろうということである。せいぜい為しうることと言えば、いかに不十分であろうとも、再構築のために、局所レベルでなら可能であるかもしれないような限定的な努力を何でもいいから試みることだ、というのである。

このように容易に諦めてしまおうとするひとに対して、あるいは、共通価値について語ることはすべてまったくの皮肉という以外に意味がないとして斥けるひとに対して、私たちはどのように答えられるだろうか。私は、それらのひとびとの敗北主義が時期尚早であると思う。彼らは、二十世紀に生じたかつてないほどの数の富裕者と貧困者の格差を無視している。この格差は、将来の発展に向けて起こりうるまったく異なったシナリオを準備する。さらに、今日の社会的惨状によって犠牲が増大しているからといって、人権の侵害と戦うための努力は無益だ、と飛躍してしまうのは、エイズによる犠牲者が増加しているからこの疾患に対する予防努力や治療の研究は無駄だと結論するのと同じくらい、単純化しすぎたものである。今日見られるあまりに深刻な人権否定は、共通価値という織物がひとたび破けたり引き裂かれたりしたら生じるであろう恐るべき状況を明らかにしている。しかし、このことは、損傷を修復したり元に戻したりしようとする全世界的努力の無益さについて何も証明しはしない。

そうした努力における共通価値の決定的な役割と私が思うものを説明するために、以下の四つの提言を掲げよう。

1　集団全体《コレクティブ》が生き残る《サバイバル》ために必要なある一定の基本的価値は、あらゆる社会において定式化されてきた。そうした一群のミニマリズム的価値は、社会的その他の境界を越えて認められうる。

2 それらの基本的価値は十分とは言い難いものであるけれども、個人および労働生活のレベルや、家族、共同体、国家、国際関係といったあらゆるレベルにおいて、人間が共存するためには欠くことができない。

3 共通価値と多様性の尊重とをともに肯定することは可能であり、また、そのようにしてこそ、より一般的な価値の名の下で行われる虐待や、民族的、宗教的、政治的その他の多様性の名の下で行われる虐待に対して、基本的価値を用いて批判することができる。

4 軍事、環境、その他の危険は、文化上の境界を前にしても歩みを止めることがない。それらの危険に対処するための最善策について異文化間で対話や討論を行うには、各社会が何らかの共通の地盤をもたねばならないとするなら、基本的価値のうち、いずれが文化的境界を越えて共有されうるのかに関する調査を、早急に遂行する必要がある。

四つの提言

1 集団全体が生き残るために必要なある一定の基本的価値は、あらゆる社会において定式化されてきた。そうした一群のミニマリズム的価値は、社会的その他の境界を越えて認められうる。

すべての社会が自由、平等、生命の尊厳といった理想を育んできたわけではないし、当然ながら、まったく同じ理想を育んできたのでもない。日常の食物、衣服、セクシャリティなどは言うに及ばず、宗教上の信仰や、政治体系に関する見解についても同様であり、それらは社会によってきわめて大きく異なっている。だとすると、他の非常に多くの点における相違にもかかわらず、より普遍的に現存していると主張しうるのはいかなる価値であろうか。私は、集団の生き残りにとって根本的で、そのため最も小さな共同体においてさえ守られねばならなかったような、三つのカテゴリーの価値があることを提起する。

A 第一に、人間のあらゆる集団、および、あらゆる宗教、道徳、法の伝統によって、相互支援、忠誠、報恩に関するある形態の積極的義務が強調されている。子どもは扶養されねばならない。負傷者、弱者、病人は世話してもらわねばならない。これについて、ローマの思想家キケロが次のように述べている。すなわち、自然は、人類の生き残りを可能にするためにともに生活するようしむけたのであり、さらに、人類に、子孫への「奇妙なほどにまで思いやりに溢れた愛」を植えつけた。(5) 多くの伝統――ユダヤ・キリスト教、イスラム教、儒教、仏教の伝統――はまた、子どもたちが自分の親に従い、親を敬うように明確に強制している。例えば、仏教徒であったアショーカ王は紀元前三世紀、中央インドにある一本の柱に三つの中心的な道徳の教えを刻ませているが、その第一が「父と母には従わねばならない」というものであった。(6)

両親を敬い両親に従えという命令や、家族や集団による他の形態の支援を与えよという命令は、適用範囲が非常に異なっている。最も限定された命令ですら、実際には破られることが驚くほどに度を越して多い。さもなければ、それらは命令や戒律として述べられる必要もないだろう。しかし、そうした命令や戒律をまったくもたない共同体は短命に終わることだろう。さらに、メアリー・ミッジリーが指摘するように、そのような支援についての規定では報恩が強調される。「既存のあらゆる道徳では、将来への保障というだけでなく、過去に示された親切に対して抱かれるべき適切な感謝の念として、かつ、それに伴う愛情から当然生じてくるものとして、「報恩が説かれる」[7]。

ミッジリーは人間に関する次の二つの点で、すなわち、相互扶助と相互支援を与えるという、他の多くの動物の種と共有する性質から出発しているという点、および、記憶力と知性を付与されたことによって長期の計画が可能になったという二つの点で、ダーウィンに同意している。ダーウィンが主張するところでは、これらの能力は、習慣の影響と社会的本能によって助長され、「自然に黄金律へと至る」[8]。

黄金律は世界中で定式化されてきており、積極的命令としては、「自分が他人からしてもらいたいと望むことを他人に対してもせよ」（マタイ伝七・一二）、消極的命令としては、孔子やヒレル〔紀元前七〇年頃―紀元後一〇年頃。律法解釈の方法を確立したとされる、バビロニア出身のユダヤ人ラビ〕の教えにあるように、自分が他人によってして欲しくないと思うことを他人に対してしてはならない、というものである。いずれの形にせよ、黄金律は、道徳的価値ないし道徳的原理そのものを表わしているというよりはむしろ、最も基本的な道徳を実践するために必要なパースペクティブを表わしている。すなわち、道徳的近視眼という自然的傾向性に抗うために、自分の行動によって作用を受ける相手の側に自身を当てはめるよう努力することが必要だというのである[9]。

B　根本的な価値の第二のカテゴリーは、有害な行為を制限するという消極的義務から構成される。

あらゆる社会は、他人に対して不正を働く少なくともいくつかの形態――それらのうちの主なものは、「力と嘘」、つまり、暴力と欺瞞――を禁止するある一定の基本的命令を強調してきた。十戒から仏教、ジャイナ教、儒教、ヒンドゥー教その他多くの経典に至るまで、拷問や盗みといった類の不正については許容する一方で、暴力と欺瞞については最も徹底的に斥けてきたのである。これらの規制がどのように、また、いかなる場合に適用されるのかということについての同意を強固にするために、さらには、それらが随意に無視されたり破られたりすることのないようにするために、今一つ別の消極的な命令――有効な約束、契約、法律、約定の不履行を禁じる命令――が必要とされる。暴力、欺瞞、裏切りを禁じるこれらの命令はどれも、あらゆる社会、あらゆる法体系で馴染みのあるものである。エジプトの『死者の書』、アイスランドの『エッダ』、『バガヴァッド・ギーター』〔上村勝彦訳『バガヴァッド・ギーター』岩波文庫、一九九二年〕といった書物では以上の命令が明記されている。

　先に見た、基本的価値の第一のカテゴリーにおける相互支援と報恩に関する積極的命令と同じく、消極的命令もまた大部分の共同体内で頻繁に破られてきたのであり、さらに、しばしば部外者に対してはまったく適用されないものと考えられてきた。こうした違反は、自衛を目的とする暴力や欺瞞の行使などのように、生き延びることを助長する場面で見られる場合に最も許容され、時に正当化されてきた。しかし、各社会内部では、集団が長期にわたって生き残るために、それらの違反を抑制することが必要とされてきた。その結果、どんなに小さく無秩序な共同体であろうと、あるいは、部外者に対してどんなに敵対的な共同体であろうと、また、例えば拷問に等しい行為についてどれほど狭小な認識しか持ち合わせていない共同体であろうと、生き残っていくためにはすべての共同体で、少なくとも暴力、欺瞞、裏切りに対して何らかの内部的規制が課されねばならない[10]。

オノラ・オニールが論じているところでは、それらの規制は、どんな社会でも一貫して採用されうるか、または、普遍化されうる原理の基盤に位置づけられるものである。類似の事例に対しては類似の要求が為されるという、正義のもつ「伝統的で最小限の形式的意味」に基づいて普遍化が行われるとするなら、詐欺、抑圧、暴力などの原理はどれも普遍化されえないとオニールは主張する。「（少なくとも）正義が要求するのは、行動や制度が、ひとに犠牲を強いるような原理（詐欺、抑圧、暴力）に基づいてはならない、ということである[11]」。

C　あらゆる社会で行使される基本的価値の第三のカテゴリーは、少なくとも基本的な公平性と手続き的正義に関する規範から構成される。それらの規範は、上述の最初の二つのカテゴリーで列挙された命令を主に含む、積極的命令と消極的命令の両方に関わる対立が生じた場合に効力を発揮する。正義のあり方に関する見解は、法体系が異なるにつれ様々である。しかし、争っている当事者双方の言い分に耳を傾け、どちらが正しくてどちらが誤っているのかを決定する一定の根本的手続きは、あらゆる社会によって共有されている。例えば、裁判のための規則を備えたあらゆる既知の社会では、公平性の基盤を実現する際、虚偽の証言の提示――公平な裁判を最初から無効にするもの――が拒絶されてきた[12]。同様に、あらゆる社会が、「受け入れられた体系の下で等しいものは等しいものとして扱う」という何らかの規則をもっており、それはちょうど、幼児期以来ずっと、あるひとが別の誰かのしたことで罰せられるのは不公平だ、とどこでも認められるのと同じである[13]。

道徳的価値の以上の三つのカテゴリー――相互扶助と報恩という積極的義務と、暴力、欺瞞、裏切りに関する消極的命令、および、何が正しいかについてのある一定の基本的手続きと基準――は、P・F・ストローソンが「道徳についての最小限の解釈」として言及したもの――ある一定の徳と責務を認知することが「社会の存在条件」だと見なす解釈――に合致する。すなわち、いかなる社会によってであれ、その社会が存続可能であるために強調されるべき、行為に関するある一定の規則がある、ということである。それらの規則には、「正義という抽象的な徳、相互援助と危害の相互回避に対する何らかの形態の責務、および、何らかの形態と程度における誠実さという徳」が含まれる。(14)

少なくともこうした類の基本的規則がなければいかなる社会も立ち行かないのであるから、それらの規則は、あらゆる文化的な境界をはじめ、その他のすべての境界を越えて認められることになる。どの集団においても、例えば自分の両親を敬うことや、虚偽の証言をしてはならないといった命令は、言ってみれば何らかの宗教的ドグマや道徳理論、政治体系に関する要求に比べより容易に認められるのであり、またしたがって、共有されるものとしていっそう理解されやすい。よって、以上のような、十戒でも述べられている二つの命令は、いかなる彫像も作ってはならない、とか、安息日を神聖なものとせよ、といった十戒の中の他の命令よりも普遍的に共感を得やすい。同様に、殺人の禁止、正直であること、盗みの禁止といった、ヤマ〔「禁止」を意味するサンスクリット語。インドに伝わる様々な経典に見られる〕の一部ないしラージャ・ヨガ〔ヒンドゥー教で説かれる、真理と解脱に至る四つのヨガの道の一つ〕の第一段階となっている命令は、「いかなる贈り物も受け取ってはならない」という、やはりラージャ・ヨガの第一段階となっている命令よりも広く同意を得る。(15) さらに、仏教の八正道《はっしょうどう》に見られる以下の要素、すなわち、虚偽を語ること、生命を奪うこと、盗むことの忌避に関わる要素は世界中で認識されうるが、武器の取引といった他人への危害をもたらすような職業を生業とすることは慎まねばならない、と述べるその他の要素についてはその限りではない[16]。

ある特定の価値がきわめて広く認識されるからといって、それらの価値が共通に保持されるものとしてひとびとに自動的に認められるわけではなく、とりわけ敵対するグループ間においてはそうである。それどころか、部外者や敵が、道徳的観点から、人間以下、野蛮人、まったくのよそ者と見なされる傾向にあることは良く知られている。さらに、価値の三つのカテゴリーは、共同体内部でもその適用範囲が限られている。例えば、女性、子ども、あるいは、奴隷や使用人に対する暴力は、聖書の書かれた頃からずっと一般的であった。

それゆえ、私が三つのカテゴリーの価値について述べたのは、それらの価値がただちに異文化間で採用される行為の基準としてともかくも役に立つのだ、と示唆しようとする意図があってのことではない。それらの価値が了解される範囲を社会どうしの間にまで拡張するのはもちろん、社会内部において拡張するのも非常に困難である。そうではなく、私が示唆しているのは、それらの価値をミニマリズム的パースペクティブから捉えてみるということである。ミニマリズム的という語を用いて根本的価値の限定的なグループを特徴づける機会が増えてきているが、この語は文化その他の境界を越えて認識されうる価値の特徴と可能な役割を特定するのに役に立つ[17]。私が言いたいのは、三つのタイプの価値は、少なくとも以下に掲げる意味においてミニマリズム的価値である、ということである。

・ミニマリズム的価値は、数、適用範囲、複雑化の程度において限定的である。それゆえ、それらは、倫理、法律、神学の完全な体系を構成するものではまったくなく、また、形式的に複雑化されたそれらの体系のいずれにも先立って現れたものである。それらは、「愛」、「真実」、「生命尊重」、「忠誠」、「平等」、「高潔」、「正義」といった、より抽象的で複雑な価値および理想の骨子を表わしている。

・したがって、ミニマリズム的価値を理解するために、特別な知識はもちろん、読み書きの能力すら必要ではない。

・ミニマリズム的価値は、ひとが何をすべきであり、また、何をすべきでないかということに主に関係するのであって、ひとが計画したり、恐れたり、意図したり、夢に描いたり、誘惑を感じたりするような、いずれのものにも関係しない。

・ミニマリズム的価値は、ひとを殺してはならないといった命令の場合のように明確な事例から出発し、曖昧な事例をどのように評価するかについては決定しないままにする。

・ミニマリズム的価値は、それらの起源、基礎づけ、解釈についての一致を要求しない。ひとは、例えば、嘘をつくことに関する自らの見解の基礎づけを、神的権威や自然法、共同体の一致、道徳感覚、功利主義的な論拠、自律的選択等々のいずれの前提に求めるのか、それぞれ立場を異にしていても差し支えない。

・ミニマリズム的価値のみが集団全体の生き残りのために必要な価値だというわけではない。実際、ある一定の他の価値、例えば、公的な秘密に対する抑制といった価値は、過去三世紀間においてのみ強調されてきたものだが、現在は、公務員やその他、説明責任に関する規則に拘束されているひとびとにとってますます不可欠だと見なされる方向にある[18]。

- ミニマリズム的価値が普遍的に受容されるべきだと主張する必要はない。すなわち、最も基本的なものも含め、どんな道徳的価値も拒絶するひとが常にいるだろう。ただし、バナード・ウィリアムズが指摘するように、無道徳主義者は「道徳体系に寄生している。……というのも、一般に何らかの道徳規則がない社会はありえず、しかも無道徳主義者は社会を必要とするからだ[19]」。さらに、ミニマリズム的な道徳的価値はほとんどの社会で出現してきたが、それらの価値が多くの社会で見られるものであることを強調するからといって、どんな集団であれそれらの価値なくして生き残ることはなかったと立証することを要求するものではない。
- 最後に、そうしたミニマリズム的価値は、いかなる例外も認めないという意味での絶対的なものでもない。例えば、嘘と暴力の抑制はあらゆる伝統において強調されるが、より厳格に、それらの行為の完全なる禁止までが求められるわけではない。

ミニマリズム的な道徳的価値がきわめて広範囲にわたって見出されるものだとするなら、それらが履行される範囲をいかに拡張すべきかをめぐる交渉や対話を行うための基盤は、ミニマリズム的道徳的価値によって提供される[20]。そして、今度はそれらの価値が、既存の慣習を批判するための基準を与え、さらには、そうした批判を行うために必要な広く理解されうる言語を与える。それぞれの社会内部では、ある一定の集団が最も根本的な形態の敬意すら払われないのはなぜなのかといったことについての意見交換が、それらの価値によって具体化する。また、社会的境界を越えたレベルでは、これらの価値を深刻に受け止めることで、例えば、殺人や児童虐待、奴隷化などに対する抑制は、自分自身の社会にのみ限定されるべきではない、という主張が支持されるのであり、また、拷問や人身御供といった政治的ないし宗教的慣行に関してはもちろん、そうした慣行を是認する政治、神学、道徳の理論に関しても、文化の違いを越えて行われる批判は十分に正当化される、といった主張が支持される。

2 それらの基本的価値は十分とは言い難いものであるけれども、個人および労働生活のレベルや、家族、共同体、国家、国際関係といったあらゆるレベルにおいて、人間が共存するためには欠くことができない。

どんな文化でも、社会化の過程には、共有される文化的価値の認識を子どもたちのうちに育成することが含まれる。そうした共有される価値の中心を成すのが、上述のミニマリズム的価値である[21]。それらの価値に対する尊重の念をささやかながらも発展させていくことは、どんな家族や集団においてであれ必要だと考えられる。しかし、それだけで十分とは考えられない。子どもたちは、人生のまさに初めから他の価値によっても取り囲まれているのであり、それらは数の上でより多く、より豊かに発展し、さらに、より複雑なあり方で織り込まれている。それらを「マクシマリズム的」な価値として、ミニマリズム的な、すなわち、骨子となる価値に対比させることができよう。ミニマリズム的価値について先に述べた特徴のすべてに照らして言うなら、特定の価値群は多かれ少なかれマクシマリズム的であるとしても差し支えない。

・マクシマリズム的な道徳的価値は、数の多さ、範囲の広さ、複雑さの度合いにおいて、優っている。それらの価値は、完全な倫理、法律、神学の体系にほぼ近いものであるか、もしくは、それらの体系を構成し、さらに、「愛」、「真実」、「生命尊重」、「忠誠」、「高潔」、「平等」、「正義」といった、より抽象的で複雑な価値や理想に関係する。
・マクシマリズム的な道徳的価値のうちのいくつかは、理解されるために特別な知識を必要とする。
・マクシマリズム的な道徳的価値は、ひとが何をすべきで何をすべきでないかに関してのみならず、ひとが計画したり、恐れたり、意図したり、夢に描いたり、誘惑を感じたりするようなものにも関係する。
・マクシマリズム的な道徳的価値は、争いや曖昧な事例をいかに評価するかについての指針ないし方法を含む。
・マクシマリズム的価値を保持するひとは、それらの起源、基礎づけ、解釈についての一致を強要する。
・同様に、マクシマリズム的な道徳的価値を保持するひとは、集団全体の生き残りのために必要なものとしてミニマリズム的価値以上にそれらの価値を強要する。
・そうしたひとは、それらマクシマリズム的価値が普遍的に受け入れられる、ないし、受け入れられねばならないと主張する。
・同様に、そうしたひとは、マクシマリズム的価値のいくつかを、いかなる例外も許さないという意味で絶対的なものと見なす。

価値についての見解が、これらの一つあるいは複数の特徴に応じて様々であるそのあり方すべてを鑑みるなら、マクシマリズム的伝統の豊富さは当然のことと言える。さらに、ミニマリズム的価値とマクシマリズム的価値のいずれも、様々に異なる美的、宗教的、経済的価値等々と結びついて保持されるとしたら、その豊富さはいっそう合点がいく。すべては人格的な徳や特性についての見解に反映されているかもしれず、また、人格的な悪徳や欠陥とは対照を成しているかもしれない。さらに、個人的なマクシマリズム的価値の構造は、特定の文化や職業やその他の所属集団のマクシマリズム的価値と結びついて、時にはそれらに反して、作用する。このように、伝統、歴史、家族で代々受け継がれてきた体験的知識に基づく特定の習慣、愛国感情が、互いに密接に関連してマクシマリズム的価値網を形成する。個々の職業や、人生の様々な段階、社会の諸々のレベル等のそれぞれにとって正しい基準は何かということに関する見解はもちろん、法律体系や、神学、政治、道徳についての理論も同様に密接に関連する。

ミニマリズム的価値は必要ではあるけれども、良い人生のために、あるいは、人間性に十分触れたり家族ないし共同体を繁栄させたりするためにそれだけで十分であるとはとうてい言えない。むしろ、ミニマリズム的価値は、私たちが自身に問うことのできるものや他人に対して負っているものの最小部分を表わしているのであって、私たちに特別な関係をもつひとびと、例えば、自分の家族の構成員、友人、同僚、顧客、政治的代表に対して私たちが負ったり問うたりするものを、いかなる意味でもすべて表わしているわけではない。また、私たちが私たち自身も含めた全人類に起因する事柄に関して望むものをすべて表わしているわけでもない。

道徳的な問題に関する討論において、ミニマリズム的パースペクティブとマクシマリズム的パースペクティブは、互いに刺激しあい強化しあうように働きかけながら相互の視点を豊かにする。ミニマリズム的アプローチは共通の地盤を、すなわち、さらなる討論を企て、それを容易に進めるための出発点となるような基本的一致を模索する。逆にマクシマリズム的アプローチは、より完全な位置──一般に共有されるかどうかは別として、正しいとしばしば見なされる理想的位置──を示すことから出発する。これらのアプローチが価値に関する討論に最適な形で役に立つのは、両者が互いに異なるものであり、それぞれ必要だが、いずれもそれだけでは十分ではないのだと理解される時である。[22]

諸価値を巻き込んだ複雑な相互作用によってミニマリズム的価値が蝕まれたりまったく無視されたりする時は、いかなる場合でも人間関係が損なわれる。私たちはその結果を、例えば家庭内暴力によって引き裂かれた家族に、あるいは、腐敗に覆われた政府に、または、「民族浄化」による大量殺人で破壊されたり、その汚名を着せられたりした社会に見る。そうした状況下でもたらされるすべての苦しみに加え、最低限の相互の信頼の基盤が失われ、次いで、誠実な交渉や協力の可能性が失われるのである。

哲学者や神学者は、根本的な道徳的基準に対する違反によってもたらされる、信頼の損失という結果について、かなり以前から取り上げている。比較的最近では、ケネス・アロー、パーサ・ダスグプタその他の社会科学者が、信頼を破壊することによる制度上の代価について研究している。[23] 彼らが論じているところでは、信頼は、水や空気と同様に公共的財産だと見なされうるのであり、どんなシステムの効率性も増加させることが可能だが、容易に買うことのできないものであり、大事にされなければ枯渇する可能性がある。

私は拙著『嘘をつくこと――公的生活と私的生活における道徳的選択』で、信頼とは、私たちの呼吸している空気や飲んでいる水とちょうど同じように増強されるべき社会的財産である、と述べた。[24] この本が出版された当時、ウォーターゲート事件とベトナム戦争の結果、政府に対する公的信頼は最低の水準に達していた。しかし、この社会的財産を蝕む片棒を担いだひとびとは、自らに対する不信のみならず、すべての役人に対する不信を際限なく生み出す欺瞞と無法状態に加担する一方で、この損害をほとんど考慮していなかった。

私はその後の著作でも、全人類の相互作用が起こる場としての社会的雰囲気《アトモスフィアー》と私たちを取り巻く自然の大気《アトモスフィアー》との間の類比を通じ、信頼を社会的財産と捉える見解を追究した。[25] 信頼は社会的雰囲気の第一の構成要素である。信頼を蝕むことに加担してこの雰囲気を損なうなどということのないようにすることは、私たちの自然大気の損傷を防ぎ、回復へ向かわせるよう試みるのと同じくらい緊急を要する課題である。どちらの形の損傷も累積的なものであり、回復へ向かわせるのは困難である。たしかに、ある程度の不信は人間のほとんどの相互関係に不可欠である。純粋な信頼だけでは社会環境の中で生き残るための助けにならず、それは、地球上の大気における純粋な酸素の場合と同様である。けれども、不信の水準があまりに高ければ協力を窒息させてしまうのであり、酸素の欠乏が生命を脅かすのと同じである。

あらゆる人間関係は、それが家族、市街区、共同体、職業的背景、国際関係のいずれに関わる場合であっても、最低限の信頼が維持されるかぎりにおいてのみ活力を得る。暴力や不誠実、裏切り、不正によって、あるいは、若者や困窮しているひとを育むのに失敗することによって、信頼が損なわれたり減じられたりするなら、それらの関係は悪化する。そもそも、ひとたび信頼が失われてしまうと、それを回復するための作業は、それを失うのに要した作業よりはるかに困難なのである。さらに、信頼が損なわれたり失われたりしているかぎり、共通の脅威に直面した際の協力における対話と努力は、初めから足枷をはめられていることになる。

3　共通価値と多様性の尊重とをともに肯定することは可能であり、また、そのようにしてこそ、より一般的な価値という名の下で行われる虐待や、民族的、宗教的、政治的その他の多様性という名の下で行われる虐待に対して、基本的価値を用いて批判することができる。

文化を異にするひとびとは、幾世紀にもわたって徐々に発展してきたいくつもの複雑な宗教的、政治的伝統のうちのいずれか一つでも共有するに至ることはないだろうし、私たちはそうなることを望むべきではない。かくも多くの異なった伝統の独自性は私たちの文化遺産すべてを豊かにするのであり、また、文化的多様性は、生き残りと繁栄のために、生物学的多様性と同じくらい重要なものであると言えよう。(26) 私たちは、諸文化のもつ慣習や見解がどれほど変化に富んだものであろうと、あらゆる文化と接触するよう努めることが可能であり、それらの文化が具現しているマクシマリズム的見解から学ぶことができる。しかし、私たちはまたそのようにしながらも、それらの文化が実際にはどの程度根本的なミニマリズム的価値を尊重しているのかについて考慮しなければならない。

先に述べたように、それらミニマリズム的価値は、これ以上のいかなる一致が可能であるのか、および、いかなる不一致が残るのかについての対話を導くための共通言語を提供する。それらの価値はまた、例えば、拷問や宗教的迫害などの慣習が、より高次の宗教的ないし政治的価値という名目で行われている場合であっても、そうした慣習を批判するための共通の基準も提供する。今日に至るまで、「民族浄化」や大量虐殺を含め人間性に反するあらゆる犯罪が、正義、自由、宗教的熱情、人種的優越といったスローガンの名の下に行われている。バナード・ウィリアムズが指摘しているように、私たちが「緻密に構成された伝統的存在のもつ局所的な意義」のみを強調するかぎり、私たちは批判のための有力な手立てをもちえない(27)。このことは、私たちが、例えば正義といった抽象的な理想ばかりを強調し、その最も基礎にある根本に、すなわち、いかなる共同体であれ生き残るために必要となる現実的なミニマリズム的価値に目を向けない場合にも、同様に当てはまる。

文化的多様性は重んじられうるし、重んじられるべきものであるが、それはあくまで共通価値を尊重した上でのことである。多様性を主張することによってミニマリズム的価値が侵害されるような場合――例えば、「文化的」もしくは「宗教的」根拠によって児童買春や女子割礼を擁護する主張、あるいは、人身御供は宗教的に義務づけられていると説くような主張が為される場合――については、すべてのひとに基本的な敬意が払われるべきだという見解に訴えた、文化の違いを越えて適用される根拠に基づき批判することが可能である。

そのように批判するからといって、同一性や均一性を主張しているわけではない。この批判は、どれほど広範囲に及ぶ権利に対しても、また、どれほど高い理想に対しても、それらにおいてミニマリズム的価値が支持されているかぎりはその実現を妨げるものではない。個人、倫理規約を備えた職業集団、宗教組織、政党その他の集団には、ミニマリズム的価値を侵害しないという条件つきであれば、最大限に多様な目標や願望、および、行為の最高の基準を自ら設定できる自由が与えられるべきである。例えば、医療従事者には、特殊技能を要求したり、患者に対する特殊な責務を尊重するよう強制したりできる。これに対し、患者の最善の利益になると無批判に考えられたものや、学術研究を実施していることなどについて患者に嘘をつくことを擁護するために、そうした理想や責務が利用されてはならない。こうしたことはあってはならないことだが、実際にはあまりにしばしば見受けられる(28)。

だとすると、道徳的、文化的、職業的、宗教的な根拠に基づき擁護されているかぎりは「何でもあり」、というわけにはいかない。これに対する異論を最も声高に叫ぶひとびとは、たいていの場合、適切であると自分たちでは見なしている道徳的基準に背く自分たち自身の権利を擁護しているにすぎず、自分たちがその生命や安全や自尊心を脅かしている被害者側のひとびとを擁護しているのではない。しかし、これらの違反を別にすれば、文化的および個人的多様性の豊かさは享受されるべきであって、公然と非難されるべきものではない。クロード・レヴィ゠ストロースはこのことを、単調と均一性に脅かされた世界の文化の多様性を保持することの必要性について述べながら、次のように表現している。「人間の文化の多様性は、私たちの背後に、周りに、前方にある。私たちが（どの個人に対しても、そのひとにふさわしい義務を創出することで）多様性に関して要求できる唯一のことは、多様性の実現に際しては、誰もが他人に対して寛容さを増していくようにすべきだということだけである(29)」。

4 軍事、環境、その他の危険は、文化上の境界を前にしても歩みを止めることがない。それらの危険に対処するための最善策について異文化間で対話や討論を行うには、各社会が何らかの共通の地盤をもたねばならないとするなら、基本的価値のうち、いずれが文化的境界を越えて共有されうるのかに関する調査を、早急に遂行する必要がある。

家族、小集団、あるいは、それらより大きな共同体が生き残るための生物学的ニーズや、社会的ニーズに基づくミニマリズム的価値をある程度堅持することによって、最低限の信頼が可能となり、またそれゆえ、協力も可能となる。家族、種族、共同体、国家のいずれの観点から考察されようとも、集団が生き残るために価値が必要とされるということについては、今や全世界的生き残りという目的からも考慮されねばならない。社会の直面している様々な脅威は、言語、民族その他の境界などには無頓着であって、ばらばらの基盤に基づいていたのではそれらの脅威を克服できない。環境の悪化、エイズのような伝染性疾患、希少資源の枯渇、ホームレスや難民の増加、数十年後に地球の人口が倍になる可能性、ボスニアやルワンダおよびその他数多くの地域における「複合的な人道的緊急事態」の拡大、増大しつつある核拡散の危険、地球のオゾン層への脅威等々。これらは、全世界的対応を、すなわち、異なる文化にまたがった対応をきわめて明確に要する試練の一例である。

様々な脅威が、かつて呼びかけられたことのなかったほどに高レベルの協力をかくも明確に要求している。そうした脅威に対処するための最善策について対話を行うには、各社会が何らかの基盤、何らかの共通の地盤をもたねばならないとするなら、より小規模な事例で長らく機能してきたのと同じ価値が、国際的に考慮されねばならないだろう。私は、三つのカテゴリーの根本的価値に関するミニマリズム的概念から議論を始めた。すなわち、第一に、扶助と報恩に関する積極的義務、第二に、暴力、欺瞞、裏切りの抑制、第三に、何が正しいのかを決定する手続きのための規範と基準である。かつて普遍的価値の名の下に行われた改宗や征服のための多くの活動は、けっきょくはこれらのミニマリズム的義務、抑制、基準――特に暴力の抑制――を侵害するものであったことが明らかになっている。共有される基本的な価値は、真の討論、対話、批判を可能にする。それらの価値を理解するためにこれまで以上にずっと多くのことが為されないかぎりは、先に述べた諸々の脅威に対する適切な全世界的対応を各社会が呼びかけると想像してみても現実的ではない。

そうした努力は二つのレベルより成る。すなわち、一つは、対話と協力という目的に最も役立ちうる基本的価値ないし共通価値はどれなのかを探求し、それについて討論するという最も現実的なレベル、今一つは、「自由」、「平等」、「民主主義」、「人類の連帯」といった抽象的な理念のレベルであり、これら二つのレベルにおいてそうした努力が行われるのでなければならない。後者の各理念はどれも重要だが、今述べたような二つのレベルの連関について注意深い考察が伴わなければ、その適用は容易ではなく、また、直接適用することもできない[30]。これらの抽象的理念は、きわめて血腥い闘争にあってさえ、対立するすべての陣営によって粗雑に誤って使われることがしばしばある。むしろ必要なことは、それらの抽象的理念と、もう一方の、十分に共通でありかつ特定的である価値との間の連関を理解し、その結果、サミュエル・ジョンソンが提起した次の意味において、それらの理念と価値を適用可能にすることである。すなわち、それらは「人生に役立つ」ことができるのでなければならない[31]。

ジョンソンは、次のように指摘している。

道徳の議論で忘れてはならないのは、多くの障害が私たちの実践を妨げるということ、そして、私たちの実践はきわめて容易に理論に道を譲ってしまうということだ。思弁家は、ひたすら誤謬推論の危険に晒されている。これに対し、実際の生活に追われている場合、ひとは自分自身の情熱をもち、さらに、他人の情熱と出会い、幾千もの不都合に当惑する。そうした不都合のせいで、ひとは様々な刺激によって混乱させられ、その行く手は乱されたり、阻まれたりする。そのひとは、思案することなく行動することを余儀なくされ、試すことができないまま選択しなければならない。そのひとは、ことの成り行きが突然変わったことに驚き、表面上の見かけに従って自分の尺度を変える。そのひとは、怠惰であるか、あるいは、臆病であるため、他人に導かれていく。そのひとは、何が正しいのかを知ることを時に恐れ、またある時は、友人たちや敵対者たちが自分を騙そうと躍起になっていることに気づくのだ。(32)

価値についての討論が、実践におけるこうした障害を無視して行われるなら、言辞と現実との間に痛感される相違は増大するばかりであり、その相違によって、人間の抱える諸問題への適切な対応の効果が損なわれる。だとしたら、どうすれば「私たちの実践を妨げる障害」を最良のあり方で十分に見極め続けることができるだろうか。

そのために最も重要なのは、私たちが、実践を導く価値について論じながらも実践そのものをひたすら考慮し続けることである。すなわち、人類が巻き込まれる苦境から目をそむけないようにあらゆる努力を行い、「同情疲れ」に屈服したり、抽象に飛躍したりしないようにすることである。さらに、心の中でできるだけ明確に実践と抽象の間の緊張を保つために、以下のような、いくつかの組になった立場を行ったり来たりするのも役に立つだろう。すなわち、何らかの基本的な同意のうちに共通の地盤を求めるミニマリズム的なパースペクティブと、より完全に練り上げられた立場を提供するマクシマリズム的パースペクティブとの間の移動。あるいは、最も現実的で実践的な命令と、より抽象的な原理の両方を考察する際には、実践的倫理学のパースペクティブと道徳理論のパースペクティブとの間の移動。そして、――もしかしたらすべての中で最も困難かもしれないが――世俗的信念に基づく倫理学的パースペクティブと宗教的信念に基づく倫理学的パースペクティブを行ったり来たりするあらゆる努力をすること。

文化の違いを越えて見られる価値について、これらの文脈をすべて踏まえた上で行われる議論が増えつつある(33)。そうした議論は、全面的にそうだというわけではないが、共通価値が存在する、ないし、それら共通価値は多様性に向けられた十分な尊重と両立可能である、というまさにその考え方に対する異議申し立ての結果であると言える。しかし、それらの議論はまた、より実りある協力活動のための基盤が必要である、という認識が高まりつつあることの表われでもある。近年見られた四つの例では、あらゆる個人的、集団的、社会的行為に適用可能なだけの根本性を備えた道徳基準の探求、提起、説明が試みられており、異議申し立ての結果として生じた複数の議論の射程範囲を見てとることができる。それら四つの例はいずれも、そうした問題に取り組もうとする真剣な努力が為されねばならないとする、徹底した、かつ、しばしば激しく行われた審議や交渉の末に得られたものである。これら四つの例のどれを取ってみても詳細に論じるだけの価値のあるものだが、そうすることはここでの私の目的ではない。そうではなく、ここではそれぞれにおいてミニマリズム的アプローチとマクシマリズム的アプローチの果たしている役割に焦点を当てる。それらのうち二つは宗教的性格のもので、残り二つは世俗的である。

1 一九九三年六月にウィーンで行われた国連による世界人権会議
2 一九九三年八月にシカゴで行われた世界宗教会議
3 一九九三年秋に出版された、教皇ヨハネ・パウロ二世による回勅『真理の輝き』〔成相明人訳『真理の輝き』カトリック中央協議会、一九九五年〕
4 一九九五年二月に公表された、グローバル・ガバナンス委員会による報告『私たちのグローバルな隣人』〔『地球リーダーシップ――新しい世界秩序をめざして　グローバル・ガバナンス委員会報告書』、日本放送出版協会、一九九五年〕

共通価値への四つのアプローチ

1　国連によるウィーン世界人権会議

一九九三年六月に行われた国連による世界人権会議では、「人権に関する宣言」および「活動プログラム」への同意を求め、一八三ヶ国から集まった数千人の参加者がウィーンで会合を開いた。多様性を尊重するという文脈の中で共通価値に関する問題をごく率直に論じるに際し、参加者の国籍や文化的伝統がこんなにも多様であったことはかつてない。さらに、女性の権利の否定がほとんどの社会において浸透しているという事態は、普遍的だとされている権利に関する言辞と矛盾を来しているということについて、これほど説得力をもって示されたこともかつてなかった。様々な点でこの会議は深遠なる不一致へと至ることになったのだが、そうした不一致は、かつては正義や人間の尊厳を引き合いに出すことによって、当たり障りのないように隠蔽されるのが常であった。

この不一致は、いかなる権利が個人に付与されるべきなのか、また、いかなる制度がそうした権利を保障すべきなのかということに関わっている。仮に政府がこうした責任を負うとしても、当の政府そのものが先頭に立って人権を侵害したり、犠牲者に何の保護も与ええないほど脆弱であったりしたらどうするか。特定の権利をもつということは、正確には個人にどんな権原《エンタイトル》を与えることなのか。集団の権利というものはあるのか、また、もしあるとすれば、それはいかなる場合に個人の権利に優先するのか。人権を「促進する」という政府の義務は、実際には政府に何を義務づけるものなのか。政府や公共体による人権侵害ではなく、私的な個人による人権侵害についてはどうか。

中国、インドネシア、マレーシアの代表らが率いるアジア連合は、経済的な福利のためならば、彼らが「西洋的概念」と呼ぶ、国民の全面的な政治的権利を犠牲にすることもやむをえないと主張した。これに対する他の国々の返答は、第一に、食料や住居を入手できるかどうかさえ政治的権利が行使可能であるかどうかに依存するのであり、第二に、アジア文化はそうした権利の伝統を持ち合わせていない、とする見解は独裁的な体制側によって表明されたものであって、現在当該の権利を奪われている民衆によるものではない、というものであった。アマルティア・センが指摘しているところによれば、飢饉が起こるのは、まさに、個人の権利が否定され、自由な報道を欠いている社会においてであって、そうした社会では、政府が危機への対応に当たるために必要な情報を、自由に行き渡らせることができないのである。(34)

本会議によるウィーン宣言は、普遍的で奪うことのできない「開発への権利」を肯定する一方で、開発の中心となる主体は個人であって集団や国家ではないことや、開発の欠如を「国際的に認められた人権の剝奪を正当化する口実としてはならない」ことなどを主張している。(35) ここでは、根本的な人権と、書面でのみ「国際的に認められた」権利の完全なリストとを区別することが重要であったのだろう。「開発」という名目で奴隷労働、拷問、政治的自由の否定に頼る国々に対し、反対していく旨を明確に表明することはきわめて大事である。抑圧的な政府は、基本的人権を無視する根拠として、最優先課題である開発を持ち出すという方法を常に心得ている。しかし、どんなに非抑圧的な社会であっても、開発の必要性と、何らかの社会保障上の権利《エンタイトルメント・ライツ》、例えば、「労働時間の妥当な制限と周期的な有給休暇を含む、休息と余暇」の促進とを秤にかける。(36) そのような優先順位に関する比較考量が、その採否を決する際に民主的手続きに従って行われるのでありさえするなら、なぜそれをかくも独断的に禁止すべきなのかは明確ではない。

最も基本的な人権とその他の権利との区別に失敗したことで、宣言の第五節に見られる無批判な主張が導かれている。すなわち、「あらゆる人権が普遍的で、不可分であり、相互依存的で互いに関連している」。(37) 互いに関連しているだろうか。議論の余地はない。相互依存的なのか。ある権利の一群については、他の権利より当てはまる。しかし、不可分であろうか。そんなことはない。このように混乱した全網羅的表現を用いていたのでは、権利に関するこの完全なリストは、たんなる言辞として批判者によって容易に却下されるだろう。どんなに豊かな国であっても、そのリストに載った権利のすべてを保障することはけっきょく不可能であり、まして、それらが不可分と見られるならなおさらである。ジェレミー・ベンサムは人権についての語り口に触れ、それを「修辞的なナンセンス――大げさなナンセンス」としたが、そうした指摘は、たとえ権利の主張の多くに関しては不適切であろうとも、ここでは間違いなく当てはまる。(38)

混乱した言語は、論争を隠そうとする努力を表わしているのかもしれない。討論は、ミニマリズム的アプローチとマクシマリズム的アプローチの区別が為されたなら、実りあるものとなっていたことだろう。すなわち、一方は、奴隷にされたり、拷問にかけられたり、殺されたりすることがない、とか、自分の宗教を主張したり実践したりすることを禁じられることがない、といった根本的な権利についての一致を求めるというアプローチ、他方は、十分な教育の機会、仕事の保証、十分な休暇、開発の機会といった、私たちが共有できるであろう全人類の切なる願いについての深刻な討論を奨励するというアプローチである。(39)

2　世界宗教会議

共通価値を探求する全世界的試みとして次に取り上げるのは、一九九三年の八月末にシカゴで開催された世界宗教会議におけるもので、この会議を開くに際しては、世界中から宗教的指導者が招集された。この試みでは、共有される価値を可能なかぎり豊かな宗教的、文化的多様性という文脈で展望するという基本姿勢に基づきつつ、いっそう明確にミニマリズム的なパースペクティブによる統制がとられた。しかし、この会議で宗教的指導者たちの下位グループにより明文化された、「グローバル・エシックに向けて」と題された宣言を見るかぎり、この試みもまた、ミニマリズム的な主張に混じりいくつかのマクシマリズム的主張を散りばめることで終わっている。

この文書の副題は「最初の宣言」となっており、読み手は、「努力の第一歩――切実に一致を必要とする世界にとっての出発点」と明確に述べられたものに参加するよう誘われる(40)。この宣言を起草したのは、ローマ・カトリックの神学者ハンス・キュンクで、彼は世界中で共有されうるミニマリズム的倫理を明確に説いた本の著者でもある(41)。宣言の主眼は、根底にある道徳的価値の一群を定式化することに置かれている。ここで言う根底にある道徳的価値とは、すでにあらゆる宗教、文化で認められていて、それゆえまた、万人によって、すなわち、世俗的な道徳の伝統によってはもちろん、すべての宗教的伝統によって公に認められうるもののことである。それらの価値群に基づいてこの宣言が批判の矛先を向けるのは、最も基本的な権利ですら世界の多くの地域で市民、国家によって侵害されている、という状況に対してである。特定の糾弾対象としては、「宗教の名の下に行われる攻撃と憎悪」が挙げられている(42)。この言明は、根深い反目、迫害、聖戦に対して、あるいは、多くの宗教的権威によって未だに日常的に行われている人権を無視した厳しい尋問に対して、ミニマリズム的な道徳のパースペクティブから批判を行うための基盤となりうる。

本宣言には、共同体内部ならびに共同体相互間におけるいっそう強固な寛容、互いの信頼、協力に向けた働きかけをするための素晴らしい計画が説かれている箇所も、数多く見受けられる。しかし、万人に受け入れられうる核となる価値を選別するという、当初告げられていた意図は達成されていない。結果的には、最高度にマクシマリズム的な理想に従って行動することのできないひとびとに対する不寛容が時に示されている。例えば黄金律については、「人生のあらゆる領域にとっての、家族や共同体にとっての、人種、国家、宗教にとっての、改変することのできない無条件の規範」である、と独断的に述べられている。[43] 仮にこの言及が、神による立法とか、あるいは、それ以外の、黄金律を最初に定式化したヒレルや孔子のようなひとたちをきっと驚かせるであろう類の、明らかに独断的な法定立とか発令について述べているとでもしないかぎり、「改変することのできない」、および、「無条件の」という語がこの文脈で何を意味しているのかを理解するのは困難である。

宣言は続けてこの黄金律を、ある特異で拡張された、とうてい普遍的に受け入れられることのないやり方で解釈し、次のように主張している。「利己主義のあらゆる形態が拒絶されねばならない。すなわち、個人であると集団であるとに関わりなく、また、階級的な思想や人種主義、愛国主義、性差別主義のいずれの形態であろうと、あらゆる形態の身勝手さが拒絶されねばならない」。[44] あらゆる形態の利己主義や身勝手さを拒絶するよう求めるとは、ごく限られたひとにだけしか為しえない、ある一定のレベルの自己否定を要求するということである。それどころか、ヒレルや孔子、および、他の大部分の注釈者によって与えられた解釈をさらに超えたレベルを要求するものでさえある。宣言文書は黄金律をこのように解釈した後、「人間の行動に関する、広範な内容を含んだ古代から知られた指針」を四つ主張する。

・非暴力的で生命を尊重する文化への責任
・連帯の文化と公正な経済秩序への責任
・寛容の文化と正直な生活への責任
・男女間の平等な権利とパートナーシップの文化への責任[45]

しかしながら、世界の主要な宗教でさえ、そのほとんどがこれらの指針を提示しておらず、ましてや、多くの世俗的伝統については言うまでもない。したがって、これらの指針それ自体がいかに素晴らしいものであろうと、これらをミニマリズム的だと考えることはできない。以上の四つの責任は、広範な内容を含んだマクシマリズム的枠組みをもつ。たしかに、いくつかの点では若干のミニマリズム的価値が強調されている。問題は、ミニマリズム的価値がマクシマリズム的な価値の中に明確に区別されないままにまき散らされているということである。例えば、第一の責任は暴力の抑制だけでなく、非暴力と、動物や植物も含めたあらゆる生命を尊重することにまで言及している。二つ目の責任は、盗みをしないことについての強調から、物質主義の批判へと移行し、また、公正な経済秩序を要求し、さらには、「何人といえども、自分の資産を社会や地球の窮乏を懸念することなく使う権利をもたない」と主張する。第三の責任は、嘘を糾弾するだけでなく、正直な生活を送ることを命じている。そして、第四の責任は、性的な不道徳を戒めることから、「家父長制的支配と堕落」の拒絶へと移行する。[46]

キュンク博士はかつて、ミニマリズム的倫理の推奨を表明していた。そのことを考えると実に意外なことではあるが、この宣言は、討論のために二つのタイプの主張を明確に区別しないまま、けっきょくはミニマリズム的主張をはるかに超えたものとなってしまった。もしかするとこうした観点から見て最も問題なのは、この宣言が、グローバルな「意識の変革！」を最後に華々しく要求していることかもしれない。この要求は、宗教的な忠誠心をもたないと評価される二〇パーセント以上のひとびとからの同意を得ようと意図しているわけでもなければ、そうした変革には慎重な、多くの信心深いひとびとからの同意を得ようと意図しているわけでもない[47]。個人のレベルであれば、精神的に前進するための一歩として意識の変革が目標にされることもあるかもしれない。その場合でも、それが反省や道徳的な判断を伴わずに行われるなら常に危険を孕む。しかも、そうした危険は、先の要求がグローバルな意識変革に向けられる場合はもちろんのこと、全世界的な意識変革に向けられるなら、増幅されてしまう[48]。この文書の起草者たちは少なくとも、そういった変革がすべての伝統に共通しているわけでもなければ、共通の目標に向かって活動するために必要なわけでもないということを認識すべきであった。

3 『真理の輝き』、教皇ヨハネ・パウロ二世による回勅

教皇ヨハネ・パウロ二世は、一九九三年に公にされた回勅『真理の輝き』の中で、共通価値の問題に対し異なるアプローチをとっている。教皇は、人類のもつ背景がどれほど多様であろうと、全人類によって共有される根本的な問題に答えるために、絶対的な拘束力をもつ価値についての、十分に練り上げられたマクシマリズム的な体系を提示するつもりだと初めから明確にしている。「私は何をしなければならないか。私はどうやって善を悪から区別するのか[49]」。教皇の回勅は、ウィーン人権宣言や「グローバル・エシックに向けて」と同じく、明確にマクシマリズム的な一群の価値を是認する。だがその一方

で、教皇は他の宣言の起草者らと異なり、後に宗旨変えしてしまう可能性のある文書を提示しようとはしていない。教皇は、教皇に同意しないひとびとからの批判を求めてはいない。逆に、反対意見は、教会による教えに対する不服従が禁じられるのと同じく排除される。教会による教えは、「代償を顧慮することなく、万人に責務を負わせる」(50)。

さらに、回勅は、どこででも知られている共通価値を、神学的命題と道徳的命題とが結びついた体系から区別しているという点で、先の二つの宣言とは異なっている。回勅は、それらの間にある幾段階かの隔たりを明確に示しているので、読者は、いかなる場合に、かつ、いかなる理由で同意できたりできなかったりするのかをはっきりと決定する機会を与えられる。回勅で引用される喩え話（マタイ伝一九・一六―二二）では、一人の裕福な若者がイエスのもとにやって来て、永遠の命を得るためにはいかなる善行を為さなければならないのかと問う。イエスは、善なるひとは一人しかいないのだと答え、明らかにミニマリズム的な道徳的要請と性格づけられる次の五つの戒律を守るよう、その若者に命じた。すなわち、「人を殺してはならない。姦淫してはならない。盗んではならない。偽りの証言をしてはならない。自分の父と母を敬え」(51)。たしかに、これらの教えに対しては常に様々な解釈が与えられてきているが、これらはユダヤ・キリスト教の遺産の一部であるだけでなく、他の大部分の伝統においても知られているものである。

件の裕福な若者が、自分はそれらの戒律をすべて守ってきたのだが、それでも自分に欠けているものは何かと問うと、イエスは次のように答える。「もしあなたが完全になりたいと望むなら、行って、あなたの財産を売り払い、貧しいひとにお金を与えよ、そうすれば、あなたは天の宝を得るだろう。そして、来て私に従え」。後者がまさしくマクシマリズム的要請であるのに対して、先の五つの戒律は道徳的行為の出発点であり基礎であるということを、回勅は明確にしている。以上の五つの戒律は、「あらゆる社会的生活に不可欠の規則」を構成する。[52] もしこの若者が後悔などしない嘘つきで泥棒であったなら、彼がイエスに従って自分のすべての所有物を他人に与えたとしても、彼は助けられたことにはならなかったであろう。

しかし、回勅は議論を続け、上述の五つの戒律のいずれにおいても、ひとはより広範囲でより要求の厳しい積極的な義務を、すなわち、「人間の生命、婚姻におけるひとびとの結びつき、私有財産、正直さ、そして、ひとびとの名誉等々を保護するといういつでも差し迫った必要性」を認めることができる、としている。けっきょくのところ、これらの戒律は「人類の本性に内在する根本的な権利」と「隣人愛のための基本的条件」を解き明かすものである。[53] 奴隷制や拷問、虐殺その他、「人権宣言」に含まれる人間の犯す多くの違反に対する禁止は、これらの戒律から帰結することが見てとれる、と教皇ヨハネ・パウロ二世は主張する。

これは、宗教的ないし政治的背景にかかわらず、多くのひとが説得力のあるものと考えうるであろうミニマリズム的な主張である。これと同じことが、それ以上の主張、例えば、避妊を行うことは夫婦の営みを意図的に不毛にする手段であるから悪である、という主張にも当てはまるわけではない。[54] この問題について、教皇はローマ・カトリック教会の内外の多くのひとと見解を大きく異にする。教皇は、姦淫をしてはならないという戒律からも、また、教皇が信頼を寄せる他の四つの戒律のいずれからも、避妊の禁止を直接導くことはできない。そうではなく、教皇はそれを聖書や他のテクストからの推論、および、教皇自身とローマ教会の権威を持ち出す議論によって、間接的に支持している。

これらの議論は、同性愛や堕胎の禁止に関連する議論とともにマクシマリズム的であるが、それは、この議論がどこにおいても共通に認められる原理を超えているということにだけよるのではない。それは、これらの議論が、この回勅を通して貫かれているすべての主張と同じく、ローマ教会においては、救済に至る道はただ一つしかなく、正しいことと誤ったことに関する概念も唯一であり、また、キリストにおける道徳のすべての基礎も道徳についての合法的な解釈もともに唯一無二である、という前提に基づいているからでもある。さらに、正統なローマ教会の権威によって宣言されている道徳上の規則や禁止にはいかなる例外もありえない、との前提に基づいているからである。

他の宗教指導者や政治指導者も同様に、絶対主義的な主張を行うことで、ローマ教会とは別のマクシマリズム的原理の一群を支持している。それらの伝統の部外者は、様々な主張が互いに衝突するという理由で、あるいは、それらの絶対主義的特質を理由に、そのような主張をただ無視してしまうべきではない。むしろ、たとえそれらの主張それ自体はまさに討論の許されないものであることが公にされている場合であっても、価値に関して現在行われている国際的な討論の場で、それらの討論を実りあるものにするために役立ちうるものと役立ちえないものとを追求しながら、それぞれの主張の根底にいかなる推論が働いているのかを検討することが重要である。

4 グローバル・ガバナンス委員会による報告『私たちのグローバルな隣人』

私が共通価値についての言明として挙げる最後の例は、グローバル・ガバナンス委員会によるものである。この委員会は、元ガイアナ外相で、英連邦事務局長でもあったシュリダス・ランファル卿とイングヴァル・カールソン前スウェーデン首相とが共同議長を務める。かつてないレベルでの超国家的な協力が必要とされる根底には、ひとびとの抱える現実があるが、『私たちのグローバルな隣人』で委員会は、そうした現実についての事実資料による裏づけや入念な議論を提供しており、この点では、先に挙げた三つの例を含むそれまでの報告書や宣言を超えるものである。[55] それは、社会に対し、避け難い異議申し立てを提起する。すなわち、各社会は手遅れにならないうちに、現在の荒々しく争いに満ちた世界の隣人たちを共同体が協力しあうネットワークへと変容させることによって、ともに活動することを学ばねばならない。そのためには、何らかの共通価値群が不可欠である、というのである。一九九三年の世界人権会議では、数多くの権利を列挙し、その上でそれらが不可分であると宣言する方法が採られたが、グローバル・ガバナンス委員会は、そうした方法ではなく三つの部分より成るアプローチを提案する。すなわち、核となる価値を基盤とし、次に、それらに基づいて「民法典」の構成要素となる限られた数の権利と責任の一群を構築し、さらに、それらの価値を具体化した国際的な規範へと変容させていこう、というのである。

このように順序立てられた三つの部分は、最も共通でミニマリズム的な価値から、最近になって必要だと見なされるようになった価値への移行に合致するものと思われるかもしれない。ところが、そうではない。「すべてのひとびとが認めうるであろう」核となる価値のリストを構成するのは、生命尊重、自由、正義、公平、相互尊敬、助け合い、高潔さといった、抽象的な道徳的原理であることが明らかとなる。将来、すべてのひとびとがこれらの原理を全部同時に認めることができるようになるかもしれないし、そうはならないかもしれないが、現在までのところ、疑いもなくそうはなっていない。自由を例に取ろう。オルランド・パターソンは次のように指摘している。「人類史の大部分において、そして、西洋と接触する以前のほとんどすべての非西洋世界にとって、自由とは、明確な、あるいは、望ましい目標にすぎなかったのであり、それは、多くの世界においてはいまだ達成されないままである」(56)。さらに、委員会が、寛容のもつ「能動的な特性」として主張する「相互尊敬」もまた、太古の時代以来の共同体や家族における根本的価値だと考えることはできず、「生命尊重およびそこから帰結するもの、つまり、非暴力」や、「高潔」、「正義と公平」も同様である。これらの価値のうちのミニマリズム的形態、例えば、暴力や欺瞞の抑制、および、手続き的正義と手続き的公平性に関する基本的な規範のみが、大部分のひとによって、少なくともそのひとびとの共同体に関しては認容されうるのである。

委員会は核となる価値のリストについて、以下の二つの主張の間で揺れている。すなわち、いかなる場所でもひとは「生命の尊厳」といった何らかの価値を認めている、という立証されていないが経験的な主張と、私たちが平和と進歩を達成しうるためには、ひとはそうした価値を認めなければならない、という規範的主張とである。たとえ経験的主張を無視しようとしても、規範的主張がそれを思い止まらせているのである。仮に、委員会の言う核となる価値は、いかなる社会的慣行もほぼ含みえてしまうほどの抽象の結果であって、その範囲はあまりに大きいばかりでなく実効性を欠いている、と解釈するなら、それらの価値は、先に明らかにされた平和と進歩という目標へ向かうための地盤を与えるのに役には立たないだろう。また一方で、もし、私たちがそれらの価値にもっと実質を与え、より実効性のあるものにするよう努めるなら、その場合、それらの価値はもはや「すべてのひとびと」によって共有されそうなものとは見なしえない。どちらの場合にせよ、それらの価値は、平和と進歩を獲得するために不可欠な前提条件として役立つことはできない。けっきょくのところ、そうした目的のためにはほとんど何も要求されていないか、あまりに多くのものが要求されているということである。

委員会の提起する核となる価値を現段階で受け入れることについてではなく、それらの価値を認めるためにいっそうの努力をすることについて問うとしたらどうであろうか。たとえそうするとしても、なぜ私たちはそれらの価値を認め、その範囲を拡張するよう努めるべきなのかについて、正当な根拠を与えることが肝要であろう。そうした正当化を行うには、広く受け入れられうるであろう何らかのいっそう根本的な道徳的地盤に言及しなければならないだろう。さらに、核となる価値そのものがきわめて曖昧であるため、特に道徳上の争いに際して、それらをどのように適用できるのか正確に知ることは困難であろう。高潔さを認めるとか拡張するとは、何を意味するのか。また、高潔さと見なされるものについて見解を異にするひとびとの間の不一致を、どうやって解決するのか。

委員会が、核となる価値を表わすものとして次にリストに挙げる「権利と責任」のほとんどは、同じくらい一般的なものである。しかし、今度はそれらの野心的な性格に関していささかの疑いもない。たしかにこのリストは、「より市民的でグローバルな社会の構築に向けた進歩のための最小限の基盤」だと考えられる。[57] けれども、ここで取り上げられている権利と責任は、明らかに一様に規範的である。委員会によると、共通の権利と共有される責任というグローバルな倫理は、あらゆるひとびとの以下のような権利を包含すべき［強調引用者］である。すなわち、安全な生活、公平な処遇、人並みの暮らしや自身の福祉に備えられるだけの収入を得る機会、ひとびとの間の差異を平和的手段によって定義し特定すること、あらゆるレベルでの統治に参加すること、甚だしい不正の是正に向けて行われる自由で公平な請願、情報への平等なアクセス、グローバルな公共財への平等なアクセス等々に対する権利である。

同時に、あらゆるひとが次のような責任を共有している。すなわち、公益に寄与し、自分の行動が他人の安全と福祉に与える影響を考え、ジェンダー的公平も含め公平を促進し、持続可能な開発を追究しグローバルな公共財を保護することによって将来の世代の利益を守り、人類の文化的、知的遺産を保存し、統治に関わり、腐敗を取り除くために働く責任である。(58)

以上の権利と責任についてのリストに見られる言語は、その元となった核となる価値のリストの場合と同じく、抽象的であり、かつ、きわめて一般的である。それは、できるかぎり広い範囲からの可能な支持を得ることを意図してのことであったのかもしれない。何しろ、公益に寄与せよ、とか、腐敗を取り除くために活動せよ、といった命令には、誰も異議を申し立てることなどできないだろう。しかし、権利や責任とは厳密には何を意味しているのか、両者は互いにどう関係するのか、と問うひとは誰でも、全リストを承諾する前に何らかの回答を求めるかもしれない。例えば、すべてのひとの、自身の福祉に備えるための権利ということで意味されるものは何か。グローバルな公共財にアクセスすることに対する権利とは何を意味するのか。さらに、これらの権利は、将来の世代の利益を守るための各人の責任とどう関係するのか。また、全般的に言って以上の権利すべてを与える責任を担うべきは誰なのか、という厄介な問題がある。私たちが自分の子どもや家族の構成員、同郷の市民に対してもつ責任は、資源の乏しい地域にいる他のひとびとに対してもつ責任より大きいのか。将来の世代に対する私たちの責任は、どんな犠牲を要求するのか。さらには、情報を平等に利用することに関わる権利のような場合、これを満たすのに要する莫大なコストをどのように配分すべきなのか。

以上のような権利と責任の内実や範囲に関する問題が、リベラルと保守、北と南、民族上の敵対者と宗教上の敵対者それぞれの間に見られる論争の根底にある。人口が増大し続ける中、これらはひとびとの生活方法、共同体、子孫が生き残ることなどに影響を与える問題である。委員会自体は、かつてないレベルでの人類の窮状を指摘してきたのであって、そうした窮状こそ、共通価値の基盤を見つけ出すことを余儀なくさせるものであり、それに基づき討論と協力を構築しうるのである[59]。しかし、これほど一般的で、かつ、共通して認められるとするにはあまりに程遠い権利や責任をたんに列挙するだけでは、そうした基盤を提供できない。

本章冒頭で、いかにすれば私たちは「全人類のための道徳の根拠となるであろう倫理学ないし道徳科学の方法を定式化」できるだろうか、というハーバート・シュナイダーによる問いを引用したが、委員会が共通価値の必要性を強調したことは、先に取り上げた他の三つの文書と同様、この問いに部分的な回答を与えている。四つの努力はすべて、そうした問いかけの要求を満たすような倫理の定式化を模索している。その際、それらの努力は異なるパースペクティブから出発し、時に明確に異なる結果へと至っている。しかし、根本的な価値に関しては、それらはまた重なってもいる。それらの価値のうち、私が提起した三つのカテゴリーの価値は、社会的その他の境界を越えて最も容易に認められるものである。すなわち、扶助と報恩についての積極的義務、および、暴力、欺瞞、裏切りの抑制、そして、正義に関する手続きと基準のための規範、という最も基本的な形態である。

四つのアプローチは、それらのめざすところや理想、原理に関しては互いに異なっているが、いずれも私に言わせれば、マクシマリズム的性質のものである。四つのアプローチを同時にまとめて眺めるのは、以下の論点を示すのに役に立つ。すなわち、マクシマリズム的パースペクティブとミニマリズム的パースペクティブはどのようにぶつかりあい、また、豊かにしあうのか。議論をさらに進めるために、二つのパースペクティブはいかなる形で必要とされるか。そうした議論において、共通価値と多様性の尊重の双方をいかにして肯定できるか。十分に練り上げられ広く認められる共通の道徳という目標が、いかにまだ遠いものであるか、等々。四つのテクストを一緒に考察することで、共通価値を強調することの重要性がますます強まっていることを例証できるが、同時に、共通価値をめぐるどんな探求にもつきまとう線引きに関する問題や、理論的かつ実践的反論を顕在化させることにもなる。私は以下の各章でそれらの問題を扱うが、まずは、そうした探求が基づく前提そのものに対して突きつけられた、現代の強力な挑戦についての考察から始めることにする。

第二章　共通倫理の探求

文化的な境界を越えることのできる倫理を探求するという考えは、現代の多くのひとには不快なものとして、あるいは、滑稽なほどに素朴なものとして捉えられている。すでに太古の昔より自明なものとして現れている価値を、もしくは、神によって啓示された価値を、わざわざ探し求める必要がどこにあるのか。そのように考えるひとは皆、そうした探求を不快だと思うか、あるいは、少なくとも余計なものだと見なしている。同様に、そうした探求は必ず失敗すると確信している多くのひと――しばしば知識人たち――は、そうした探求を素朴なものだと考える。後者の懐疑主義は、その起源を古代にまで遡ることができるが、二十世紀に入ってからそうした懐疑主義はいっそう強められてきた。その理由の一つとして、それぞれの文化の独自性と多様性への認識が深まりつつあることが挙げられる。また、征服しようとしたり、傲慢にも「普遍的」価値の名を騙って改宗や「文明化」を迫ったりしてきた過去の努力は有害な自民族中心主義にすぎない、との認識が深まりつつあることも、その背景にある。

そうした文脈から捉えるなら、ミニマリズム的な共通価値群を探求しようとする試みについても例外ではなく、そうした企ての根底にある前提は問題にされるべきだ、と多くのひとが考えるのも理解できる。ただし、そのように考えるひとも、異文化間の対話と協力を容易にするためにそれらの価値が緊急に求められている、との見解について強い疑いを抱いているわけではない。彼らの疑いは、それらの価値の探求がもしかしたら成功するかもしれない、という信念に向けられている。この疑いは、共通価値についての研究の遂行を妨げ、さらには、共通の目的をめざす全世界的な努力の基盤としてそれらの価値が果たす役割を探究することを阻む、現代の最も手強い障壁の典型である。それゆえ、そうした疑いそのものが基づく根拠と推論を吟味するのは重要である。「普遍的価値」に関する長年にわたる弁証法的対立を、今なお残る因襲、すなわち、普遍的価値は自明であるとか、逆にそんなものは存在しないという確信を乗り越えないまま押し通す余裕は、私たちにはもはやない。

ジュリアン・バンダの予言

> 二十世紀は、まさしく憎悪の知的組織化の世紀になってしまっているのことだろう。それは、二十世紀が人間の道徳史上で喧伝できることの一つとなってしまうだろう。
>
> ジュリアン・バンダ『知識人の裏切り』(1)

バンダが自身の同胞である知識人の裏切りとして告発したのは、彼ら知識人が伝統的に担ってきた、正義、真理、理性、人間性といった普遍的価値を保持するという役割を放棄し、代わりに、狭小な政治闘争に携わっていることについてであった。バンダの主張によれば、知識人は二千年来、「人間精神の普遍教会」における聖職者としての役割を果たす中でそれらの価値を促進してきた。(2) スピノザやゾラといった、政治的な主義主張のため特定の闘争に身を投じたひとびとでさえ、他ならぬそれらの普遍的価値の名の下にそうしたのであった。しかし、二十世紀の転換期までには世界の主要な思想家の多くが、人種、階級、政党、国家等に関わる狭小な熱情と下劣な憎悪を是認することによって自らの役目を裏切るに至っていた、とバンダは論じている。(3)

その結果、文化的風潮は毒された。その症状は、それらの知識人が大義の下での暴力を称揚するために生み出した魅惑的な新しい理論のゆえにいっそう悪質である、とバンダは主張する。彼はこの点で、ソクラテス、アクィナス、エラスムス、カント、ゲーテをはじめとする過去の思想家たちと、ニーチェ、ソレル、モーラス、キプリング、ダンヌンツィオといった煽動的な現代の著述家たちを隔てる深い溝のあることを指摘した。バンダはさらに、自身の同胞たる多くの知識人が軍国主義的ナショナリズム、ボルシェヴィズム、ファシズム、国家社会主義のイデオロギーを宣伝していたことを酷評した。(4)

二十世紀に対するバンダの判断は今もって有効である。私たちが目の当たりにしてきた恥ずかしげもなく組織化された大規模な憎悪は、彼が一九二七年に知りえた以上のものでさえある。また、それらの憎悪に理論的基礎を与える研究を行った知識人たちに向けられた彼の批判も支持される。しかし、それらの知識人に対し、そうした研究の代わりに正義、真理、理性、人間性といった普遍的価値に奉仕せよ、とするバンダの要求は、今日多くのひとには空ろに響く。バンダの著作からは数十年が経ち、諸文化間の根深い相違を示す証拠が山のようにもたらされているだけにいっそう、リチャード・ローティーに同意して、「真理の本性云々は無益な話題である」とすることもできよう。(5) いかにして「真理」や「正義」が世界中で――例えば、ニュー・ギニアの首狩り族とシリコンバレーのコンピューター・プログラマーにとって、あるいは、中東、インド半島、バルカン諸国、アフリカの敵対しあう武装集団にとって――同じ意味をもちうるのかどうかを見抜くことは、かつてないほど困難となっている。さらに言えば、堕胎や死刑の問題をめぐっては、北米の中でも解決不可能なほど意見が分裂している。

「理性」という概念は、人類を定義する特質として長らく保持されてきた。だが、今ではそれさえ異なる文化ごとに異なって表わされるので、むしろ、普遍性に対するどんな実質的主張をも空虚にするものと見られることがしばしばである。バンダは「人間性」の前提として共通の道徳史を仮定した。しかし、以上のような状況であるから、多くのひとが、「人間性」はたんなる抽象であり、その道徳史もまた物語の寄せ集めであって、それらの物語のどれ一つとして他より有効だと見なされる必要はないのだ、と考えるに至ったとしても驚くには当たらない。クリフォード・ギアーツは次のように述べている。「社会研究は、二十世紀の不安定な奇抜さに巻き込まれ、深刻なまでに変則的になりつつあるように思われる」(6)。

バンダが引き合いに出した価値のいずれについても、その普遍性に対して懐疑的眼差しが向けられ、そうした懐疑的態度は、今や歴史だけでなく生物学、文化人類学、哲学、文学理論といった様々な領域にまで浸透している。さらに、そうした懐疑的態度は、多くの学問領域にまたがる言語自体の一様性を生み出してきた。現在、様々な分野の学者たちは互換性のある用語で語っている。例えば、文化や言語を異にする共同体で保持される価値は徹底的に共約不可能である、と伝えるのに、崩壊、発散、とも綱を解く、非対称性といった隠喩を用いている。

かつて長きにわたり、永遠に続く価値や変わることのない人間本性といった直観的洞察が支持されてきたが、今挙げたような比喩は、そうした直観の根底にある様々な現実に対し、新たな見方を引き出す手助けとなってきた。しかし、それらの比喩が無差別に適用されると、それらが壊すことになっていたはずの様々なドグマと同じく問いかけそのものを固定化させる危険を伴う。新たな確実性が、過去の確実性と同程度にほとんど吟味されないまま確立してしまうのである。すると、それらの確実性は、信仰の新たな飛躍をもたらす。すなわち、人間性に対する神の意図を何であれ否定することから（あるいは、そうした神の意図をめぐる和解し難い不一致に注目することから）、人間がいかなる目的も共有できない、と主張することへの飛躍、そしてまた、どんな道徳的主張でも否定できると気づくことから、道徳的立場は有効性においてどれ一つとして他より優ってはいない、と結論づけることへの飛躍が生じる。

それらの飛躍した主張は、もしまともに受け取られるなら、実践的な道徳的判断を行うそのひとの能力に、さらには、そのひとの下す決断に影響を与えるようになるに違いない。そのわけを理解するために、仮に、他の文化を知ることは不可能だ、とか、異なる言語は相互に「翻訳不可能」だ、と本当に信じることにしよう。その場合、各社会に見られる不正義、抑圧、根本的な人権に対する軽視などについて、それぞれの程度の比較をあえて試みることなど、どうしてできるだろうか。あるいは、自分自身の社会内における下位文化《サブカルチャー》どうしでの、もしくは、個人と個人との間でのそうした比較を、どうしてあえて為しうるだろうか。

先のような推論に自らを閉じ込めてしまう知識人たちにとって、自分たちの主義に適った実際の選択の幅は狭くなる。彼ら知識人たちは、ヴィトゲンシュタインが警告した周知の、言語による魔法に再び囚われるなら、様々な文化が今やこれほど明確に共通して直面しているいくつもの問題を、眺めることはできても理解することはできない。そして、けっきょくはそれらの問題に、せいぜい無力感をもって応じるしかない。人間の共有される価値について長い間行われてきた弁証法によると、そうした受動性に甘んじたいという誘惑は、その逆の誘惑——自明であるとか、必ず勝利すると思われている特定の宗教や政治の理想を推し進めることに向けられた、狂信的な熱意に身を任せてしまおうとする誘惑——と同じくらい日常化している。それらの誘惑は、弁証法それ自体と同じく目新しいものではない。しかし、公共財に対しては、今やかつてないほどの脅威を与える。バンダは二十世紀が特異な役割を担うと予告した。だが、二十世紀の終わりを迎えるにあたり、人間社会は、バンダが一九二七年には予見すらできなかったほどに先例のない、かつ、大規模な脅威に直面するに至った。当時世界には二十億より少ない人口しかいなかった。今ではそれと同じだけの人口が、飢餓レベルかそれに近い状態で生活し、世界の人口は三倍になっている。地球の大気、森林や農耕地、海洋や水路、都市等々に対する脅威は、文化上ないし言語上のあらゆる境界を飛び越える。

国際社会がそれらグローバルな危機に対策を講じる体制を取り始める中、人権侵害と戦う努力はこれまで以上に強く求められている。一九七五年のヘルシンキ宣言は、この点で新たな地盤を切り開いた。人権を国家レベルで保障される権利の身分に引き上げることによって、人権運動や、市民的抵抗運動、国際的圧力のための法的基盤が与えられることとなり、それは、一九八九年に東欧で起きた支配体制の転覆や、南アフリカのアパルトヘイト撤廃、その他世界の多くの地域における民主的運動の一助となった。(7) しかし、同時に、ボスニアやルワンダをはじめ、他の非常に多くの地域で続く実にひどい人権侵害は変わっていない。冷戦の終結以降、いくつもの人道的緊急事態の渦中で複数の陣営によって残虐行為が行われ、それが荒廃をもたらしてきた。そうした残虐行為について論じることと、政府が自国民に対して犯す人権侵害に焦点を当てることとは、まったく別である。人権を擁護する立場のひとびともこのことに気づき始めている(8)。

人権をめぐる闘争が実を結んできた社会に暮らすひとの数も、また、そうした権利をすべて否定された犠牲者たちの暮らす国の数も増加しつつある。その数の対比を目の当たりにするなら、二十世紀が喧伝できるものとしてバンダの示した見解は、修正されねばならない。二十世紀は知識人による憎悪の組織化によって特徴づけられるであろう、とのバンダの予言は、たしかに、一九二〇年代には誰も十分に想像できなかったあり方で実証されることとなった。しかし、この世紀はまた、バンダが予見しなかった先例のない対抗勢力の動員によっても特徴づけられてきた。それは非暴力的な社会改良を推し進める勢力、すなわち、人権を尊重し、紛争を平和的に解決する勢力である。二十世紀は、恐らく過去のいずれのイデオロギーにも匹敵するほど露骨に反道徳的なイデオロギーの台頭に立ち会ってきた。しかし、まさにその同じ時に、例えばモーハンダース・ガンディー〔一八六九—一九四八年。マハトマ（「偉大なる魂」の意）・ガンディーとしても知られるインド独立運動の指導者〕やマーティン・ルーサー・キング・ジュニア〔一九二九—六六年。アメリカ合衆国のアフリカ系アメリカ人公民権運動の指導者〕によって採用された非暴力的な行動の哲学が、軽率に暴力に訴えることに対して異議を唱え、暴力以外の手段によって解放と社会改革をもたらすことにたびたび成功してきたのである。

知識人は、世界中の社会で行われている自由のための政治闘争について、その構想を練ったり、批評を加えたり、活性化させたりすることにおいて不可欠の役割を演じてきた。同様に、グローバルな問題に見られる政治、経済、科学といった面に関する問いかけや論争が、知識人たちの側で企てられなかったことはない。しかし、根底にある道徳的問題をめぐって文化の境界を越えて行われる議論は——まったくの的外れだと判定されない場合でも——、甚だしく空疎となることがあまりに多すぎる。例えば、バイロンはK・W・F・シュレーゲルを読んで、何も理解できない、と語った。「彼は常に意味の手前にいるように見える。それにどうだ、彼は、日没のごとく沈むか、虹のように消え失せてしまう。見事なまでに含蓄に富んだ混乱を残して[9]」。

虹のように消え失せてしまうという姿勢は、私たちの直面している全世界的苦境にいかに対処すべきかが緊急の課題である、と最も力強く語る科学者たちにおいてとりわけ著しい。例えば、アルベルト・アインシュタインは、「原子力の解放」によって人類にもたらされる危険へと公衆の関心を向かわせるため、二十世紀において個人としては誰よりも多くのことを為した。だがその一方で、新たな思考方法と同じくらい突拍子もないこと（そして、仮に実現したとしても、説明不可能なこと）を要求し、「古い外交協定も勢力均衡政治も、まったく無意味となった」と主張した[10]。ジャック・モノー〔一九一〇—七六年。フランスの分子生物学者。一九六五年にノーベル生理学医学賞を受賞〕は、社会は徹底的に新しい価値体系を定義してそれを厳守しないかぎり崩壊することになろうと論じ、厳格ではあるが、特定されないままの新たな「知識の倫理」を、「他のすべての価値の基準であり保証」として推奨した[11]。さらに、一九九二年六月にリオ・デ・ジャネイロで開かれた地球サミットとの関連でまとめられた、地球、環境、将来の世代に対する責務と義務に関する道徳的な言辞もまた、同じように空疎である。このことは、地球環境に対する脅威が増大しつつあることについて、同会議で行われた実質的な科学的、経済的分析と比較するといっそう目につく。科学者であれば、厳密に科学的な仮定のために真っ先に批判的分析を要求するであろう。地球サミットで見られたような散漫な道徳的宣言には、そうした批判的分析が必要である。

共有される価値の可能性、程度、要求される正当化などについての批判的分析は、伝統的には人文学研究者の領域に属するものと考えられてきた。今日、バンダが裏切りに対する嘆きを漏らした時代以上に、また、その当時とは異なったあり方で、「人類の道徳史」の正当性が疑われているのだとしたら、知識人たち――そして、その中でもまず、その発言が知的世界に影響力をもつ人文学研究者――は、現在これほど明確に必要とされている全世界的な対処を容易にしたり批判したりするという自らの役割について再考すべきだろう。そうすれば、彼らもまた、一九六〇年代や七〇年代に彼らの先駆者たちが行ったように、入手可能な最新の研究成果を利用できる。現在では多くの分野の思想家たちが、それらの時期に主張された懐疑的定説に異議を唱えている。進化論を信奉する科学者、神経学者、社会科学者らが、人間の共通の特徴について研究を続けている。同様に、哲学者や文化人類学者も、文化間の「翻訳不可能性」という教義に問いを投げかけつつある。

そうした問いかけの例として、『慣習の歴史』と題された、三巻より成る新しい概説書がプレイアッド・ライブラリーから出版された。この本が企図しているのは、人類や社会が共通にもっているすべてのものを背景としながら、社会的、文化的慣習の豊富さと多様性に関して世界中の資料に基づく最近の研究と考察をまとめて記述することである。つまり、社会的、文化的慣習を分析し、異文化間の比較を行い、テーマごとに、例えば、時間・空間の知覚に関する行動、食物、セクシャリティ、記号の使用、道徳といったテーマごとに総括して詳述することを意図している。この協働的企画の編集者兼オーガナイザーであるジャン・ポワリエが繰り返し強調しているところによれば、すべてを網羅し尽した目録の編纂は常に不可能なままであり、人類について完全に知りえないことも多い。しかし、彼は、「他者」についての不可知性という概念を、盲目的崇拝とさえ言えるほどにまで押しつけることに警鐘を鳴らす。それは、「真の文化的貧民窟」に自らを閉じ込めてしまうに等しいだろう。(12)

そうした警告によって私たちに求められるのは、次の二点である。すなわち、人間の本性や普遍的価値を過度に単純化した過去の言辞に向けられた疑いを真剣に受け止めること。同時に、だからといって、人類が共通にもっているものについてのあらゆる研究を拒絶してしまうほど、それらの疑いに無批判に頼ってしまうことのないようにすることである。思うに、こうした二重の警告は、早まった結論に落ち込むことなく――すなわち、ある特定の価値について、それらがさらなる正当化を要しないほど自明であると捉えてしまったり、道徳上の共約不可能性に関する言辞によって、それらの価値に対するあらゆる問いかけが妨げられるままにしてしまったりすることなく――人間の共通価値に対する問いかけを追究しようと望むどんなひとにとっても不可欠である。この警告を無視し、普遍的価値について語ることの有意味性ないし無意味性に対して深く染みついた信念をただ繰り返すだけなら、新たな知識人の裏切りを犯す――今度はポストモダンの装いをまとってはいるが――ことになってしまうだろう。

生き残るための価値

だとすれば、共通価値についての問いかけを行う予備的な第一段階は、価値の普遍性を支持したり否定したりする因襲を括弧に入れることである。その上で、私たちは次のように問うことができる。すなわち、広く共有されると言いうる何らかの価値はあるのか。また、仮にそうだとすると、どの価値がそうなのか。それらの価値が広い範囲で保持されると認めるのを阻む障壁は何か。さらに、少なくともある価値については文化の違いを越えて遵守されるべきだと言えるとして、その場合、その遵守を要請することに対してどの程度までなら同意が得られるか。

これらの問題への答えを見出すためには、著しく異なった政治的、宗教的、道徳的な教義の保持者にも受け入れられるような出発点が必要となる。物議をかもす可能性が最も小さいのは、人類が他の多くの種と共有している、生き残るための生物学上のニーズを出発点に取ることである。すなわち、最低でも、死に絶えてしまうことのない程度に十分なだけの食物と酸素、水、住居へのニーズである。子供が生き残るためには、これらに加えて暖かさ、人間との触れ合い、成長するための養育がどんな所でも必要となる。家族や共同体は、長期にわたって生き長らえたり繁栄したりすることを保証するためにこれらのニーズに備えねばならず、さらに今度は、殺人の抑制といったある一定の基本的な規範を準備しなければならない。というのも、そうした規範がなければどんな集団も生き残ることができないからである。H・L・A・ハートが論じているように、人間の本性や人間が住むこの世界について述べた、しごくわかりきった一般論をいくつか考察すれば、「それらが妥当なものだとすると、いかなる社会組織であれ存立可能なら含んでいるに違いないような、行為に関する一定の規則がある」ことは明らかである。[13]

ハートは、「自然法の最小限の内容」を構成するものとしていくつかの基本的な義務と禁止を抽出しているが、それらは宗教的、法的、道徳的伝統のいずれにおいても強調されている。[14] さらに、適切な食物や住居を確保する際の外的な困難および人的原因に由来する脅威の両方によって、人間の生存と成長はどの程度影響を受けるのか、ということについても、それらの伝統のすべてにおいて斟酌されてきた。これら二種類の連動しあう危険に対して脆弱であるという経験的知識は、スチュアート・ハンプシャーが取り上げているところによれば、あらゆる社会に共通する。「人間の経験する巨大な悪には、神秘的であったり『主観的』であったりするものはなく、あらゆる時代、あらゆる記述された歴史、あらゆる悲劇や物語において再確認される。それらの悪とは、すなわち、殺人や生命の破壊、捕囚、奴隷化、餓死、貧困、身体的苦痛や拷問、住居をもたないことや友のいないことなどである(15)」。

これらの悪から身を守ろうとする欲求は広い範囲で経験されるのであり、この欲求が、共有される価値についての論争を仕切り直すための共通のパースペクティブを与えてくれる。「ミニマリズム的倫理」を構成すると思われるものは何か。この問題をめぐり、ハンプシャーをはじめ、その他の研究者らによって近年行われている議論は、共有される価値についての論争を再開する一つの方法を提供する(16)。このような文脈で共通価値について問うにあたりまず要請されるのは、十分に共有されるであろう価値から成る完全な体系を探求することではなく、大部分の共同体に共通する最小限の価値群を探求することである。さらに、その過程で要求されるのは、最も複雑で抽象的な社会的価値、例えば、正義、真理、理性、人間性といった価値に直ちに注意を集中することではなく、最も残忍な不正義や、最大の弱体化をもたらす不真実、あるいは、不合理と残酷さの最も危険な形態等々から保護するために行われている抑制や慣習に目を向けることである。

私たちには、完全な正義はもちろん、絶対的な真理、完全な理性、最高度に満たされた人間性などの範囲を定めることなどとうてい遂行しえないだろうし、知ることもできないだろう。けれども、それらの理想から最もかけ離れたものを構成するのは何かということについては、一致を求めてしかるべきである。それにもかかわらず、ジュディス・シュクラーが不正義に関して論じているように、哲学や政治理論において、私たちの理想それ自体について探究されたことはあっても、理想から逸脱しているものについて徹底的に探究されてきたとは言い難い(17)。

たしかに、異なる文化によって共有されると見なされる価値に対する正当化に関してであれ、あるいは、そもそもそれらが共有されているかどうかに関してであれ、満場一致での同意を得るなど論外である。共通に保持される価値というものを完全に否定するひと、あるいは、それらの価値のいずれかについて、その中身や範囲に関して異なる意見をもつひとが、単独であれ集団であれ必ずいるだろう。しかし、先のような問いかけを始めるのに、満場一致での同意など必要ない。また、そうした問いかけは意義ある実践的結果を達成する、と確信する必要もない。多くのひとは、現在、世界中の多くの地域で激化しくすぶり続ける民族的、宗教的対立の深刻さのせいで、共通価値を探究することの実践的有効性を疑い続ける。事実に根拠づけられたこの懐疑主義を、理解できないわけでもない。しかし、ひとびとの共有する生き残りへの関心に基づいて出発点を設定する可能性すら受け入れることを拒むのは、自己欺瞞であろう。

ひとたびそうした出発点が設定されるなら、ミニマリズム的な共通倫理の探求は、様々な共同体にまたがって存在する共通の道徳的抑制や命令を選別する作業へと進み、さらには、その完全性、範囲、抽象化のレベルに関する観点からそれぞれを切り詰める作業へと進むことが可能になる。そうすれば、そうして選び出され切り詰められたいくつかの価値は、バンダやその他の研究者によって言及されたような一般的な指標とは異なった特定の指標をどの程度まで提供できるのか、と問うことも可能となる。

ミニマリズム的倫理は、共通の目標を追究するための出発点と基本的手続きを提供するが、それだけではまったく不十分であることを初めから認識しておかなければならない。たしかに、何らかの形でのミニマリズム的倫理——相互支援や手続き的公平性を含むものや、集団内部で起こる危害の規制を命じるものなど——がなければ、最小の共同体でさえ生き残ることはできない。しかし、家族、共同体、社会が成長するためには、それよりずっと多くのものが必要とされる。そのためには、もっと豊かで、もっと複雑な「マクシマリズム的」倫理が必要であり、それについては第一章で示した通りである。ミニマリズム的な価値観は、人間がそこそこの暮らしを、もしくは、繁栄していると言えるだけの暮らしを送るためにはもちろん、一つの完全な社会構造のためにも不十分である。しかし、それでもなお、そうしたミニマリズム的価値観は、異なる文化間の協力のために不可欠である。また、ミニマリズム的価値観は、「マクシマリズム的」な価値観とは本性を異にするものであるけれども、より包括的な「マクシマリズム的」価値観のための地盤を与えてくれるだけでなく、マクシマリズム的価値観がもたらすいっそう複雑な問題について議論し評価するための、共通の言語をも与えてくれる。

地盤についてのこうした見解それ自体がミニマリズム的である。この見解は、共通価値に依拠して協力的な施策の促進を図ろうとするなら、それに先立ち、「最も下にある」地盤についての、つまり、ある何らかの宗教、道徳、形而上学の教義に基づく地盤についての私たちの立場を一致させよ、というマクシマリズム的要請を拒む（第三章を見よ）。そうではなく、地盤についてここで述べた見解が前提にするのは、いくつかの価値より成る最小限の土台である。そうした土台は、地盤というこの語がもつ以下のような別の意味での地盤を、すなわち、社会的に形成された基盤ないし基礎としてだけでなく、判断や、行為、手続きの方法のための一連の根拠としての地盤を提供する。そして、その地盤自体は、共有された人間の経験に基づいているのである。

ミニマリズム的価値

「ああ、あなたはマクシマリストなんですね」とビードゥルは言った。「いいえ、私はただのミニマリストです。私はただ最低限のことを――私たちが自らの命を守ることを望んでいるだけなんです。」

イズレイル・ザングウィル『ゲットーの喜劇』一九〇七年〔二〕

道徳的価値が文化上の境界を越えて広く遵守されると十分に見込めるためには、その数はごく僅かでなければならず、その範囲も限られたものでなければならない。それらの価値は、集団が生き残るために必要な相互支援、尊敬、寛容の、最も単純で最もありふれた形態を代表するのでなければならない。すなわち、人間がともに集まり、食物を集めて用意し、狩猟や農耕を行い、住居を求め、家族を養うようになるや否や共同体に現前するものとして思い描くことができるようなものでなければならない。ハンプシャーが主張したところによると、個人や社会は、何が最良の生活に寄与するのか、ということに関しては常に意見を異にするかもしれないが、「それなりの人間生活を送るための、最低限の共通の基盤」を構成する一定のニーズを共有してもいる[18]。そうした最低限のものには、手続き的正義――抽象的な理想としてではなく、選択を行う際に共同体が依拠する、議論や交渉の基本的な形態を形作るものとしての正義――の承認も含まれるのでなければならない。ホメロスの『イーリアス』に見られる評議会のシーンでは、指導者たちが争いを治め、戦争と平和の決定を下すために会合を開く。あるいはまた、現代の議会組織や国際組織で行われる議論では、決定を下すのにある一定の基本的な手続きが必要となる。つまり、観点が異なっていることを認識し、議論に耳を傾け、それを重視し、少しでも偏りのないよう努めるのである。それらの基本的手続きは、結論の公平さや分別を保証しはしないが、「最低限の手続き的正義という、中身の貧弱な概念の核」を与えてくれる[19]。

しかし、なぜある特定の価値を、それらが大部分の社会で現れてきたという主張それだけをもって、正当なものとして、ないし、尊重されるべきものとして選び出すのか。何しろ、奴隷制もまた世界の多くの地域で行われてきたのであり、女性虐待も同様である。だが、それらの慣習の場合、その出現の頻度が高いからといって、正当であるとか、尊重されるべきものであることが保証されるわけではない。ヴォルテールは、ひとは返すと約束して借りたものを返さねばならない、という正義の要求をかつて誰も疑わなかったと言明した後、この問題について次のように述べている。「あらゆる時代、あらゆる国でひとびとの同意を得たからといって真理を証明したことにはならない、と私に反論することができよう。あらゆるひとびとが魔法やまじない、悪魔、幽霊、星々の影響、その他幾百もの似たような馬鹿げたことを信じてきた。正義と不正義についても、同じことではないのか[20]」。

こうしたアナロジーは働かないとヴォルテールは述べている。なぜなら、第一に、皆がそうした妄想《キマイラ》を信じてきたわけではなく、少なくとも賢明なひとびとの多くは信じてこなかった。第二に、そうした信念は、正義に関する規則の受容とは異なり、人間の生存にとってまったく必要でない。同様に、奴隷制も女性虐待も普遍的に受け入れられてきたのではなく、まして、生存のためにあらゆる地域で必要だと考えられてきたわけではない。たしかに、甚だしく不当な慣習が多くの社会で奨励されてきた上、そうした慣習のいくつかは、そのような社会それぞれの歴史においても長い期間共通して保たれてきた、というのも事実である。しかしながら、ミニマリズム的なパースペクティブから見て重要なのは、そのような社会が生き残りうることを否定することでもなければ、正義のごく基本的な要求くらいは大部分の共同体で十分に履行されている、と主張することでもない。重要なのは、どれほど小さな集団であっても、ハンプシャーが特定したような正義の要求を一つもたなければ生き残ることはできないだろうという、より限定的な主張を行うことである。

最低限の基本的な規則に加え、一連の根本的な義務や責務が、それぞれ形態は異なるもののあらゆる社会で機能している、とハンプシャーは主張する。「愛と友情の責務、善行を為す義務、あるいは、少なくとも生命に危害を加えたり奪ったりすることに対する制限」[21]。このリストは善行を為すことと悪事を働かないことの両方を強調しているが、それでもやはり、愛と友情の責務について言及しているという点で、ミニマリズム的倫理の目的からすると「マクシマリズム的」にすぎるかもしれない。愛と友情という理想から生じる責務は、生命を奪うことに対する制限とは違い社会内部であっても特定するのが難しく、異なる様々な文化に対して規定するのはほとんど不可能である。「行方不明」となった自分の子供たちの帰還を訴えて、アルゼンチンやその他の国々で行われた母親たちによる運動のことを耳にして、彼女たちの窮状を理解するのにいささかでも困難を感じたひとはまずいなかったであろう。しかし、私たちは、同郷の市民からも見知らぬひとびとからもそうした扱いを受けない、という権利に訴えることはできるが、それに匹敵する権利として、友情や愛をもって扱われるべきである、という権利を主張することはできない。

ハンプシャーによる義務と責務に関するリストはマクシマリズム的にすぎるかもしれないが、同時に、他の点ではあまりにミニマリズム的である。彼のリストには、どんな集団によってであれ、その大きさにかかわらず生き残るために長い間必要とされてきた二つの根本的な抑制が欠けている。すなわち、欺瞞の抑制と約束の反故に対する抑制である。しかし、あらゆる社会が、その統治形態にかかわらず、欺瞞と信頼を裏切ることに関する法律を発展させてこなければならなかったのである。わずかでも信頼がなかったなら、協力関係は初めから損なわれていることになる。嘘をついたり騙したり、約束や契約を守らなかったりすることで信頼を損なうひとは、ハンプシャーが正義の最も基本的要素として指摘する審議過程を妨げる。例えば、自らの言葉を守らないことにほとんど良心の呵責を感じないことで知られている政府指導者が、拷問や暗殺を禁じる主張をどんなに良心的に行ったとしても信頼されないだろう。

マイケル・ウォルツァーは、ミニマリズム的な道徳とマクシマリズム的な道徳の違いを追究しているが、ミニマリズム的な道徳については、中身が薄い、普遍的、抽象的、と特徴づけているのに対し、マクシマリズム的な道徳については、中身が濃い、個々の事項に基づいている、完全、と捉えている。彼の論ずるところでは、基本的権利を侵害されているひとびとの置かれている文化が非常に異なったものであったとしても、私たちは「真理」や「正義」といった中身の薄い普遍的概念を用いることによって、その助けを求める叫びに応じることができる。さらに、そうした対応や、そのきっかけとなっている虐待をそれぞれ比較することによって、文化を異にするひとびとが共通にもっているものを理解できるだろう、というのである。「もしかすると、こうした努力によって最終的に得られるのは、あらゆる社会を拘束できる一連の基準――消極的命令、すなわち、最もありそうなところでは、殺人、欺瞞、拷問、抑圧、専制を禁じる規則――であろう(22)」。

ウォルツァーは、マクシマリズム的な道徳は文化ごとに異なっているが、ミニマリズム的な意味がその中に埋め込まれている、と論じている。抑圧や不正義はミニマリズム的パースペクティブから批判できる。しかし、ミニマリズム的パースペクティブを採用する場合であっても、私たちはすぐにそうした最小限の基準を飛び越してしまう。「ミニマリズムは、根拠づけられ拡張されることによって普遍的な批判という大義に適うようになるかもしれない、という望みは誤っている。ミニマリズムが役に立つのはある一定の連帯に関してであって、そのような連帯は重要であり励ましとなるが、限られたものである。ミニマリズムは、完全で普遍的な原理には役立たない(23)」。ウォルツァーにとって、ミニマリズムは共通のプログラムのための基盤を提供できない。ミニマリズムは、共通の敵に迅速に対処することの方により適している、というのである。しかし、もしそうだとすると、ミニマリズムは、現在様々な社会が直面している脅威に対処するのに必要な国際協力の基準としては、十分ではありえない。マクシマリズムの何らかの形態なら、そうした目的によりよく役立つのだろうか。ウォルツァーをはじめ、この問題を取り上げている他の研究者も、何らかのタイプのマクシマリズムが、これまでに見られた状況以上にそうした目的に役立つ可能性が高いとは主張していない。

神学者ハンス・キュンクは、その著『世界倫理プロジェクト』の中で現在の危機に答え、「根本的にして倫理的な最小限の同意」に賛成する議論を行っている。(24) そうした同意がなければ、「人間の名にふさわしい暮らしをともに営むことは、共同体の大きさにかかわらず不可能である」。キュンクによれば、ある一定の教えが世界のすべての主要な宗教で共通に保持されている。すなわち、(一) 殺してはならない、(二) 嘘をついてはならない、(三) 盗んではならない、(四) 姦淫してはならない、(五) 両親を敬い、子供を愛せ、である。キュンクはこれらの教えを、政治的な専制、破壊、人権侵害を判断する基準としてだけでなく、人身御供や寺院の堕落、宗教裁判といった宗教的慣習を判断するための基準としても用いることができると示唆している。

ハート、ハンプシャー、ウォルツァー、キュンクらによってそれぞれ提起されたミニマリズム的価値の取り扱いは、部分的に一致が見られるものの、価値の範囲や実際の適用法についてはまったく一致していない。このことは、第一章で取り上げた共通価値に関する諸テクストについても同様であり、また、規範的倫理学やキュンクが言及している世界の主要な宗教のテクストで強調された、行為に関する中心的原理についても同様である。しかし、ここで一歩退き、これらの様々な立場をミニマリズム的パースペクティブから眺めると、それらの立場の一致部分はさらなる議論を追究するための基盤を提供しうるものであることに気づかされる。大方の見解は、少なくとも以下を強調しているという点で、すなわち、第一に、相互支援と忠誠についての義務を、第二に、暴力や不誠実の特定の形態に対する限定的な一連の抑制を強調しているという点で一致している。さらに、これらの価値をめぐる争いへの対処のために案出されている方法はまったく異なっているものの、大部分の見解は、ハンプシャーが述べていた「手続き的正義という中身の薄い概念」を反映している。

このように削ぎ落としてみるなら、支援、抑制、手続き上の規定というこれらの形態は、共有されるミニマリズム的倫理の基本を提供できるものとなる。たしかに、これらは個々の共同体に根ざすものであり、当該の共同体の構成員からは、自分たちの同胞への適用に限定されると見られることも多い。けれども、同時にそれらの価値は、それらがどのように拡張されうるかについてはもちろん、より包括的なマクシマリズム的要求や理想について、批判的探究や文化上の境界を越えた対話を行う際の、基盤および共通言語としての可能性を与えてくれる。また、ミニマリズム的価値は、バンダが訴えた真理、正義、理性、人間性といったより一般的で抽象的な価値とは異なり、特定の評価基準を提示して、以下のような局面における実践の評価を可能にする。すなわち、集団レベルだけでなく個人レベルでの、公的および職業上の生活だけでなく私生活での、国内だけでなく国外での、等々。

ミニマリズム的な一連の道徳的抑制に対して向けられた、次のような反駁についてはどうか。すなわち、そうした抑制はどれほど遍在的なものだとしても、個人の規範や文化的規範によって異なって解釈されるのだから、今述べたような様々な局面での実践の評価を可能にする特定の基準をやはり提供し損なっている、という反駁である。たしかに、隣人に偽りの証言をしてはならないという聖書の命令は、法廷での証言やそのひとの実際の隣人についてのみ関わるとする最も限定的な観点から解釈することもできるし、あらゆる欺瞞を禁止したものとする最も広範囲に及ぶ観点での解釈も可能である。狩猟、堕胎、死刑についての議論は、殺人とは何かをめぐって展開される。さらに、家族の構成員、同僚、友人による批判の形態の多くは、その批判が向けられた当の相手からは裏切り行為だと解釈されうる。しかし、こうした一連の不一致は、ミニマリズム的パースペクティブでは排除される必要はない。ミニマリズム的パースペクティブは、解釈の一致が今後も達成不可能であることが確実な場合にはそうした一致を要求しないし、すでに可能なかぎり広い同意を命じている評価については、それ以上の可能性を探究するよう要求することもない。

それゆえ、ミニマリズムによって私たちが要請されるのは、まず次のように問うことである。すなわち、暴力、欺瞞、信頼の裏切りとして生じる可能性のあるすべての形態と程度のうち、初めから抑制を要するものとして最も容易に同意を得られるのはどれか。私たちは、欺瞞の範囲についてけっして同意に至ることはないだろうし、「真理」のもちうるすべての意味についてはなおさらであるが、私たちがあからさまな嘘をつく場合、嘘をついているということは十分わかっている。さらに、たとえどんな種類の行動が生命を不当に奪うものと見なされるにせよ――例えば、狩猟、堕胎、死刑といった問題について、私たちは見解を異にするだろう――、警官が武器をもたない群集に発砲するといった明確な事例については、不一致もずっと少ないだろう。

ミニマリズム的なアプローチに向けられる今一つの反論は、理論的にも実践的にも断片的《ピースミール》で不完全だというその性質に関わる。私たちはなぜ自身のもつマクシマリズム的な見解、例えば、宗教や政治についての見解から出発し、共有される倫理の青写真としてそれらの見解をそれとなく提起したり押しつけたりするのでなく、それぞれ実に多様なパースペクティブをもつひとびととの議論のためのミニマリズム的基盤を探し求めるのか。むしろ、ヴァーツラフ・ハヴェルが主張するような、きわめつきの宇宙規模の命令から始めることもできる。「私たちは、私たちを超越しているものに対して改めて尊敬の念を見出さねばならない。それは、この宇宙、地球、自然、生命、そして、現実への尊敬である。他のひとびと、他の国々、他の文化に対して私たちが抱く尊敬の念を唯一育むことができるのは、宇宙の秩序への慎ましやかな敬意と、私たちがそうした秩序の一部であると気づくこと、つまり、私たちはそれを分かちあい、私たちが行うことは何一つ失われず、むしろ実在についての永遠に続く記憶の一部になるのであり、そこでそれは裁きを受けるのだ、と気づくことだけである」[25]。たしかに、どちらの方向からのアプローチも、私たちが直面している道徳的問題を論じるのには役に立つだろう——最も抽象的で一般的な原理から始めるのか、最も現実的な原理から始めるのか。危険が生じるのは、どちらか一方のパースペクティブだけが正しいものとして採用される場合である。

　いずれかのマクシマリズム的教義に寄せられる確信が強大になればなるほど、その教義に向けられるいかなる議論や異論も許容するのは難しくなっていく。昔からそうした確信は、何らかの全包括的な体系や、社会の何らかの全体的な変革を切望する動きと結びついた場合、社会変革をめざすミニマリズム的アプローチを妨げる最も強固な障壁となってきた。ミニマリズム的アプローチは、段階的・限定的であるだけでなく、指摘されている通り不完全な方法だからである。ミニマリスト、マクシマリストという語は、ロシア語のメンシェヴィキ、ボルシェヴィキの訳語に由来しており、改革に対する改良主義的アプローチと革命的アプローチという対比を成している[26]。革命的なマクシマリズムは、他のマクシマリズム的見解と同じく異文化間で幅広く受け入れられるようにはなりえない。また、全体的な変革を主張するのは、段階的進歩の可能性をただ妨げるだけである。これに対し、段階的進歩は、たとえ不完全であろうとも役には立つ。二十世紀は、最も根本的な道徳的価値がその個々の目標を達成しようとしているのに、それさえ全体的な変革を主張する者によって易々と邪魔立てされるのを目の当たりにしてきたのである。

ミニマリズムを超えて

もし、殺人、強盗、裏切り等々が日常化してしまったら、いかなる種族もともにもちこたえることはできないだろう。したがって、同じ種族の範囲内では、そうした犯罪にはいつまでもずっと汚名が着せられる。しかし、その範囲を越えるなら、そうした感情が起こることはない……。

人間が文明化を進め、小さな種族がより大きな共同体へと統合されていく中で、誰もが最も単純な理性によって以下のように告げられる。ひとは自分の社会的本能や共感を、個人的には見知らぬ相手であっても、同じ国家のメンバーすべてに拡張すべきである、と。ひとたびこの域にまで達するなら、そのひとの共感があらゆる国家やあらゆる人種のひとびとにまで拡張されるのを妨げるのは、人為的な障壁だけだ。

チャールズ・ダーウィン『人類の起原』

個人の共感を広範囲に拡張するのを妨げる障壁は、人為的なものであるにせよそうでないにせよ、実際には根強いものである。ダーウィンは、このことを認めざるをえなかった。「もし、実際にそれらのひとびとが風貌や習慣における大きな違いによって彼から区別されるなら、私たちがそれらのひとびとを自分の同胞と見るまでにどれほど長い時間がかかることになるか、不幸にも経験が私たちに示している」[27]。この馴染み深い経験こそ、共有されるミニマリズム的倫理の探求に対する最も深刻で現実的な異論を生み出すのである。そもそも私たちは、いかなる根拠をもって、ミニマリズム的倫理は実際に違いを生み出しうる、と信じるのだろうか。何しろ、殺人および嘘の抑制を一つの共同体内で維持するだけでも十分困難であり、このことは、手続き的正義や相互支援の基本的形態についても同様である。たとえひとが、自身の価値と類似した価値を他の文化に見出すことがあったとしても、自国の国境の内外を問わずその価値を遵守することになぜ同意すべきなのか。

ミニマリズム的パースペクティブからすると、こうした反論は再び部分的同意と反対意見の双方を招くに違いない。もちろん、ひとがそのように自ずと変化することなどありえそうもないし、もちろん、多くのひとはまったく変わらないかもしれない。この反論については、第四章と第五章で取り上げる。ただ、ここで私が述べておきたいのは、共有される倫理の探求そのものを無効にするためにこの反論をもち出すべきではない、ということである。幸福と生存を危険に曝す脅威に全世界が直面している今、そうした脅威に向けた取り組みがいっそうの効果を挙げるために重要なのは、基本的な価値は自身の社会だけでなくより多くの社会で共通に保持される、と捉えるひとの数が増えているかどうかということである。共有される価値の探求が継続されるかぎり、そのための基盤も残り続ける。さらに、そのような価値のうち最も根本的なものに寄せられた信頼が十分に広がりを見せているだけでなく、その信頼を足がかりに、いっそう足並みの揃った全世界的行動への取組みがすでに始められている以上は、そのような価値の探求を継続するための基盤がなくなることはない。

第二次世界大戦が終結した後、数年を経て見られた国際的な人権擁護の進展は、そうした勢力が徐々に力を増していることを顕著に示すものである。ドロシー・ジョーンズは、その著『平和の規則』の中で行為に関する国際基準の進歩について報告し、言辞的にすぎなかった当初の段階から部分的な達成へと向かうかなり大きな変化が見られると分析している。人権について最初に言及されたのは一九一九年のヴェルサイユ条約においてであったが、その後数十年を経て、人権については国際条約から除外されるのが通例となった。大部分の政府指導者らは、国境内における人権の位置づけを一様に国内的問題と捉え、この問題に関して彼らが行う利己的な演説は、それを見守るひとびとからは（バンダも含め）、まったくの言辞にすぎないと見なされた。しかし、七十年後、ジョーンズが指摘するように、人権に関する言辞は、

行動を刺激するものであることが示されており、さらに、そうした行動は無視できないものであった……。はっきりしていたのは、民衆、ことに東側諸国のひとびとが、国家によって従えと命じられた規則を逆手に取り、それらに従うよう国家に要求したということである。一方、西側諸国は、外交的圧力という国家レベルでの方策を用い、また、検討会議で人権の侵害に関して公表するなどして、この動き――ひとびとのもとへイニシアティヴを再び返す動き――に合流していた。(28)

それゆえ、正義や権利についての言辞をたんなる言辞でしかないとして冷笑する態度は、かつては健全な懐疑主義を反映するものであったかもしれないが、この点ではもはや十分ではない。さらに、異なる社会どうしで理解し合える可能性の程度は相対的である、と徹底して主張する見方も、行動のための適切な基盤ではない。現在ではメディアを通じ、天安門広場やクルジスタン、旧ビルマ、クロアチア、ソマリアなどの各地域から世界に向けて、残虐行為の映像が広く伝えられるようになっている。そうした中で、それを見つめる公衆と犠牲者とは文化的にひどく異なっているので犠牲者の窮状は外からは評価しえない、とか、犠牲者の国家、といっても、犠牲者がそこに偶然生まれついたという意味での国家にすぎないが、その権力が盤石なのだから、部外者は道徳上それを黙視する義務がある、と主張することは、これまで以上に難しくなっている。

たしかに、依然として多くの政府が、拷問を受けない、奴隷化されない、恣意的に生命を奪われることがないといった自国民の権利——一九四八年の世界人権宣言の礎石を構成する権利——を侵害している。しかし、そうした政府のどれ一つとして、そうすることを法的に正当化しようとしているわけではないことに注目すべきである。ヘンリー・J・シュタイナーが指摘している通り、たとえ政府指導者が「目下の緊迫した状況を理由としてそうした行為に対する道徳的正当化を要求することがあったとしても、彼らは、その権利［恣意的に生命を奪われないとか、拷問にかけられないといった権利］を完全に実現するのに何が必要なのかについて異論を唱えているわけではない(29)」。

しかし、共有されるミニマリズム的倫理の探求が急務であることを進んで認めようとする評論家でさえ、最も根本的な人権の侵害といった問題以上に厄介で、原理的にもはるかに同意の得られにくい全世界的問題に取り組む場合には、そのための基盤としてミニマリズム的倫理は十分ではありえない、と反論するかもしれない。例えば、良心の自由という権利を否定する政治的権威や宗教的権威は、そうした権利の擁護を不道徳であるとか、逆効果であると見なすかもしれない。さらに、世界人権宣言に列挙された社会保障上の権原《エンタイトルメント》――例えば、適切な食物、通学、住居に対する権原等々――は、多くの裕福な社会においてさえ恥知らずにも否定されている。配分的正義に関する論争は、今後数十年もしたら何億ものひとびとが窮乏を蒙るに至り、それらの権原に関する言辞をあざ笑うほど深刻化していることだろう、といった具合である。

これらの批判は強固な論拠をもつ。根本的な政治的自由に関しては、ここ数十年の間に言辞レベルから事実として認知されるレベルにまで至る進展や達成の増加が見られたわけだが、今述べたような権原に関してもそれと同様の事態が見られることになるのかどうかはまったく明らかではない。暴力や嘘の抑制といったミニマリズム的な道徳上の抑制が広い範囲で忠実に守られるとしても、要請されるような変化を生み出すためには十分ではないだろう。たとえ、政府指導者らをはじめ、万人がそれらの抑制を称揚して模範的態度を示したとしても、そのこと自体は、アフリカの多くの地域で現在蔓延している飢饉と戦うために十分なものではないだろう。あるいはまた、手続きに則ることや協力しあうことは、同じく共有されるミニマリズム的倫理の不可欠な部分であるが、これらを忠実に守るとしても、それだけでは、必要とされる推進力をもたらすのに十分ではないだろう。

共有されるミニマリズム的倫理の主要な要素の代表とも言える、支援と忠誠という基本的理念についてはどうか。それらの理念は、まさしく「社会的本能や共感」を要求するものだが、この「社会的本能や共感」の適用は、ダーウィンが指摘した通り、狭い集団の境界を越えて範囲を拡張するのが特に困難である。このことは、その範囲を拡張することで国内の犠牲が強いられるようになる場合は、いつでもいっそう顕著となる。まして、アジアやアフリカの多くの国家に見られるように、その拡張される共感の範囲内に含まれることを必要としている個人の数が、突出して高い出生率によってなすすべもなく増加していく場合には、なおさらである。

ミニマリズム的倫理の適切さという観点からは、同様の困難が、環境問題という、将来を脅かし現在の貧困と窮状を悪化させる問題に関しても生じてくる。すなわち、大気汚染、砂漠化、熱帯雨林の破壊、種の絶滅、有害な化学物質の廃棄、そして——再び——、人口の増加である。二酸化硫黄の放出削減や地域環境の浄化における国際的な協力は、注目すべき程度にまで進展してきている。だがその一方で、他の大部分の領域における現在の対応の不十分さには気が遠くなるばかりである(30)。それらの領域における対応を十分に迅速に前進させるためには、基本的な道徳的抑制や手続き的正義を実行する範囲を拡張しても不十分であろう。その上、共感の範囲を拡張するのは達成するのがきわめて困難なのである。

環境問題に関する国際的協働の面での最も目覚ましい進展は(と言っても、繰り返しになるが現在のニーズに見合っていると称するには依然として程遠い)、オゾン層の破壊——どの国家にとっても自国の利益に直接影響を与えるものであることが、他の脅威に比べかなり明確に認識される——に関連して行われたものである。多くの国家が、人権に関しては、言辞レベルから国際的に一致した行動へと転換するのに七十年もの歳月を費やしたのに対し、地球のオゾン層に加えられた損傷に関しては、同様の行動を起こすまでに七年足らずしかかからなかった。一九八七年の初め頃、各国政府は、フロンガスの使用量の削減をはじめオゾン層の破壊に繋がるその他の原因を縮小させるため、自らの行動をスピードアップさせていくことに繰り返し同意していたものである。

ひとも政府も、そうした潜在的な脅威に単独では対処しきれない。また、自分たちの子孫はおろか自分たち自身も、増大し続ける危険に曝されている。これらのことに気づくなら、交渉はより迅速に行われ、相互援助が緊急の課題であると認められるようになる。これに対し、他人の自己利害に対する長期的な関心は、実行に移すことがもっとずっと難しい。それを実行するためには、ある一つの社会を脅かす最も切迫した既知の危険から、グローバルに引き起こされる貧困や人口増加、環境破壊等の未知なる危険を推断することが必要である。また、そうした地球規模の危険についていっそう長期的な視点で扱うことを怠ったために、最も繁栄している共同体や国家の自己利害でさえすでにどれほど影響を受けているのかについても考察する必要がある。チェルノブイリで起きた原発事故やエイズなどの伝染病が改めて実証したとおり、それぞれの社会は自らを壁で仕切ることはできない。「救命ボート倫理」〔ギャレット・ハーディン（アメリカ、一九一五年―）によって提唱された。共倒れを防ぐために豊かな国の利益のみを追求し、貧しい国の援助を一切否定する（救命ボートには乗せないようにする）というもの〕は、かつてないほどにまでその意味を失っている。

共通倫理の探求は、どうすればそうした問題へのいっそう強力な全世界的取り組みに寄与できるだろうか。重要なのは、ダーウィンが語った「社会的本能や共感」の範囲を実際に拡張できるような、外交、文化その他の方法を検討することであろう。というのも、ミニマリズム的倫理を構成するこの原理は、文化的な境界を越えて発展させることが最も困難なものだからである。さらに、私たちは私たちに共通する運命についての話し合いに、他のひとびとを巻き込んでいくのでなければならない。このことを、ミニマリズム的倫理の示すところに従って真剣に受け止めるようになるなら、私たちはそれらのひとびとを、自分にはほとんど関係のない遠く離れたひとびととしてではなく、真のパートナーとして扱うようになることだろう。そうすれば、私たちは私たちに共通した人間性を実践的に見極められるようになるかもしれない。つまり、いずれの属性が「本質的に人間的」なものかどうかを逡巡することが必要なのではない。重要なのは、他のひとびとについてどのように考えなければならないかを熟思することで、私たち皆の直面している脅威についての思索にそれら他のひとびとが参加する権利を認めるだけでなく、それら他のひとびとに対して正当化できる方法によってそうした脅威に対処しなければならないという、私たちに課せられた責任を認めることである。

アマルティア・センは、本章が下敷きにした私のもとの論文に関するコメントの中で次のように問うている。すなわち、異文化間の協力という問題は私の論じる理由ゆえに困難なものであるが、実際にはすべての社会が、無視できないほどの内的な多様性をその内部に抱えているのであって、その内的多様性の存在によって、そうした異文化間の協力の問題は実質的に変わるのであろうか、というのである。

伝統的な社会にはモダニストが、原理主義的な文化には懐疑論者が、保守的な共同体にはリベラリストと過激派《ラディカリスト》がいる。変化への圧力は、外部からのみ来るとは限らない。いくつかの国で異分子に対して行われる公の抑圧は、政治的寛容に関する国ごとの違いを曝け出す一方で、それらの国はそれぞれ自国のうちに実質的な多様性の存在することをも示す。というのも、もしそうでないとしたら、反対者に対する抑圧は余計であろうから。多様性や反対者は、国内での争いを助長することもありうるのに、シセラ・ボクは、それら多様性や反対者が、長い目で見るなら、共有される国際的な倫理の発展のためによりいっそうの希望を与えるかもしれない、ということに同意するのだろうか。(31)

ポスト冷戦時代に入り、国内の闘争や憎悪によって荒廃させられた社会が増大し続ける中、特に急がれなければならないのは、いかなる条件の下で、国内の多様性が異文化間の対話への期待を助けたり挫いたりするのか、と問うことである。意見の不一致を防ぎ、和解のために非暴力的な努力を奨励している社会は、他の条件が等しいと仮定した場合、国際レベルにおける同様の過程に貢献するためのよりよい環境が整っていることになる。反対に、ある社会内で論争が激化して害悪が撒き散らされ、その社会内部の平和や法律規則を脅かすまでに至るなら、それに応じて国際的な話し合いの場におけるその社会の発言力は弱くなる。

そうした非難に晒されている社会の内部で起こる闘争は、特定の宗教的伝統どうしで、または、政治的伝統どうしで、いずれかが勝ち抜くことをめぐって起こる抗争だけとはかぎらない。闘争は、異なる伝統それぞれの内部で、その内外を問わず不一致があった場合、それをいかに受け入れ、どのように調停するのかといったことに関しても起こる。ミニマリズム的倫理なら、そうした調停の可能性を探る試みにおいて決定的な役割を演じることができる。すなわち、何らかの行為が、敵味方にかかわりなく、あらゆる伝統で強調される最も基本的な道徳的価値に背くことになるのはいかなる場合か、という判断基準はもとより、対話や議論のための出発点をミニマリズム的倫理は提供しうる。ただし、それらの基本的な道徳的価値が、意見を異にする者や部外者に対して適用されると考えられることはほとんどないことも付言しておこう。そうした議論のあらゆる立場に通暁する知識人なら、敵対者が共通してもつものは何か、そうした基盤に基づき諸々の相違にいかにして向き合っていくのか、基本的な道徳的価値の範囲内で独自性と多様性の双方をどのように重んじるのか、といった人道的概念を明確に表現することで、重要な役割を果たすことができる。

センはまた、これまで提示されてきた共通価値の批判的探求に多大な共感を寄せてはいるものの、コメントの中では、行動を強調することを価値を追究することに優先させるべきではないのか、とも問うている。彼は、次のように論じることができないかと問う。すなわち、

> 現在差し迫って必要なのは、何であれ普遍的な価値群ではなく、何らかの行動様式を一般的に受け入れることである（たとえ、共有して受け入れることが、徹底的に相異なるいくつかの価値に基づくものであったとしても）。ボクは価値レベルでの一致を主張しているが、そのような一致をめざすのはミニマリズム的である以上のものを要求することであって、それよりも行動レベルでの一致をめざす方が希望がもてるのではないか。生存や平和、繁栄、全般的な自由といった、社会的に達成可能な結果が、多くのまったく異なった価値の探求を助けるのであるからなおさらである。とすれば、価値の実質的な満場一致を探し求めることよりもむしろ、手段という理由〔原語は instrumental reason であり、ホルクハイマーの言う「道具的理性」のこと。センからの引用文中ばかりでなく、ボクは本文中でもこの語を用いているが、本文の文脈では「道具的理性」という訳語がなじまなかったため、「手段という理由」と訳した〕に基づいた、行為に関する一致を探し求めることを強調する方が適切ではなかろうか。[32]

最も差し迫って必要とされているのは、ある一定の行動様式——すなわち、集団全体の生き残りを促すのに役立つもの——を受け入れることだとするセンの指摘は適切である。暴力の抑制のような価値に関して広く行き渡っている価値レベルでの同意それ自体は、当の価値が実際に行動レベルで守られないかぎりは重要ではない。実際、今日きわめて残虐な迫害が国境を越えて、あるいは、社会内部で見られるけれども、その一方で、非暴力的な抗議や平和への希求を込めた抗議が毎日のように行われている。

センが指摘するように、それらの価値が実際に遵守される場合でさえ、それらをどのようにして正当化したり導出したりするのかに関して、意見はまったくばらばらである。その多くは、センが提起する、手段という理由に訴えてそれらの価値を正当化する立場を採る。しかし、それ以外の見解では、それらの価値は超自然的な権威によって定められたものとして捉えられるかもしれないし、あるいは、自然法と一致するとか、生理的な衝動に根ざすものとして捉えられるかもしれない。そうした可能性を考えると、私は、行動様式に関する一致へ至ることに向けられたセンの関心には共感するが、それらの価値を支持するための理由の種類を、手段という理由にあらかじめ限定してしまうのは気が進まない。ミニマリズム的倫理を、異なる文化の構成員たちの間の行動に関する一致のための基盤として役立たせることをめざすなら、ミニマリズム的倫理は、それに同意するひとがいかなる理由や正当化によってそうするのかにかかわらず、そうしたすべてのひとに開かれたものであるべきである。

しかし、こうした見解には、昔から次のような異論が向けられてきた。すなわち、価値の正当化に関して見解が分かれることをひとたび認めるなら、いかなる価値群も、共通に受け入れられる行動の形態も、私が擁護してきた異文化間の議論や一つの文化内の議論の基盤として役立つことは恐らくできないだろうことも認めなければならなくなる、というのである。というのも、道徳上の信念に関して共通に受け入れられる基礎なくして、そうした共通の基盤がどうしてありえようか、というのである。第三章では、こうした反論について取り上げる。

第三章　道徳の基盤とは何か——ミニマリズム的アプローチ

原理というものは、その持続が保証されないからといって神聖さにおいて劣るということはない。実際のところ、私たちのもつ価値が、何らかの客観的な天界においては永遠で確固たるものだと保証しようとするその望みは、ひょっとすると幼年時代の確信、または、太古の時代の絶対的価値を切望しているにすぎないのかもしれない。現代のある優れた著述家が次のように述べている。「ひとがもつ信念の妥当性は相対的であると自覚しながら、それでもなおそれらの信念のために断固として戦うこと、それこそが、文明人を野蛮人から区別するものである。」

アイザイア・バーリン「二つの自由概念」一九五八年〔一〕

私たちが抱く普通の人間という概念には、共通価値（いずれにせよ、それらの価値の還元不可能な最低限のもの）を受け入れることが含まれる。これによって、人間の道徳の基礎という概念は、慣習、伝統、法律、風習、流儀、礼儀といった他の概念から区別される。

アイザイア・バーリン『自由に関する四つの試論』一九六九年〔三〕

ここに掲げた二つの引用文で表現された見解を、私たちはどうしたらうまく両立させることができるだろうか。多くが主張するところでは、ひとは道徳の原理を永久に保証することをすべて拒むか、共通価値を道徳の基礎として受け入れるかのいずれかを選ばねばならず、矛盾のない形で両方を主張することはできない、とされている。バーリンなら、この見解に反対することだろう――まさに、私が本章で示そうと望むところである。私は、道徳の基礎をめぐってこうした不一致を引き起こす主張を提示し、さらに、そうすることで、バーリンによる二つの引用文に現れた議論の余地のない矛盾、すなわち、一方では、永続的、客観的、普遍的な道徳的価値の存在に関する徹底した懐疑主義を貫きながら、他方では、何らかの行動や実践が行われる時にはやはり、少なくとも正か不正か、人間的か非人間的か、正しいか誤っているかであると常に判断されねばならないとする確信を抱くこととの間の矛盾に対し、異なる答えを探っていこうと思う。

基礎づけ、言辞、比喩

バーリンが「ある優れた著述家」のものとして引用している一節は、一見すると、基礎づけをめぐる対立に困惑させられたどんなひとにも訴えかけるように思われる。しかし、より詳細に見るなら、「優れた」、「信念」、「断固として」、「文明人」、「野蛮人」といった価値負荷的な用語は、そうした対立を克服するよりも、それに嫌悪感を抱くよう助長するだけである。[1] 例えば、ひとが自分の信念を「断固として」貫く姿勢には、道徳的なヒロイズムが漂う。しかし、厳密に言って、そういった断固たる態度が文明化の印であるべき理由があるだろうか。たしかに、信念の中身と、それらの信念を保持するために為されることのいずれも重要であるのは間違いない。さもなければ、カリギュラ〔一二―四一年。ローマ帝国第三代皇帝。狂気に満ちた暴君であったと伝えられる〕やゲッベルス〔一八九七―一九四五年。ナチ党政権下のドイツで国民啓蒙・宣伝大臣を務めた〕は野蛮人ではなく文明人であると評価されてしまうことだろう。だが、人類の大多数は、自分の信念が十分に妥当であると信じるか、あるいは、そのように信じていると否とにかかわらずその態度はさほど断固としたものではないかのいずれかである。だとすると、人類の大多数は「野蛮人」だということになるのだろうか。

個人的な信念のために断固として戦うことにこそ道徳的価値があるのだと考えてみても、それだけでは何も証明されない。また、誰が「文明人」で、誰が「野蛮人」なのかを判定するといった言い回しは道徳的な正当化が為されておらず、やはり説得力に欠ける。「優れた著述家」の言葉としてよく引用されるこの箇所は、感じ取られている矛盾もしくは対立をただ取り繕っているだけである。だが、取り繕われた言辞への正当化を要求することによって、そうした矛盾や対立に改めて疑問が投げかけられることになる。では、ひとは他にどうやってこの対立と取り組むことができるだろうか。バーリンの多元論と、人間の道徳に対する何らかの基礎づけを肯定する彼の主張の両方をどうしたら正当化できるか。あるいは、いかにして前者を受け入れ後者について説得力をもって論駁できるか。

まさにそうした基礎づけの可能性、あるいは、正当化の可能性は、哲学の歴史を通じ長い間論議されてきたものであるが、ここ数十年において、しばしば「反基礎づけ主義」の名の下に問題視される機会が増えている。この語は一九七〇年代の造語であるが、今では文学、認識論、形而上学、道徳等の議論の場において馴染み深いものとなっている（とは言え、私の知るかぎりでは、一般の辞書や哲学事典にはまだ見当たらない）(2)。

反基礎づけ主義者は、認識と道徳に対して確固たる基礎づけが可能か否かに関する多年にわたる哲学的議論を取り上げ、そのような基礎づけを肯定する数多くの道徳的教義を、宗教的と世俗的を問わず「基礎づけ主義」として斥けてきた。一般には反基礎づけ主義は、例えば、デカルトの「我思う、ゆえに我あり」のような、私たちの認識の根拠となる絶対的に確固とした洞察がありうることを否定することから出発した。もっと広い意味での反基礎づけ主義的な批判は、私たちの道徳やその他の見解が、まったく主観的な経験や偶然的な経験を超えた何らかの基盤をもつとするあらゆる主張に向けられる。

後者の、より広い意味での批判は、ある種の倫理的なニヒリズムの形を取るに至る可能性のあるものだが、前者の、絶対的な確実性を主張するデカルト的な立場に向けられた批判から区別されることはめったにない。さらに、認識論、形而上学、倫理学の各分野での基礎づけ的主張をそれぞれ区別するような仕方で批判が為されることも、やはりほとんどない。その結果、反基礎づけ主義者は、プラトン主義、デカルト主義、実践理性に関する諸理論、宗教的な原理主義、自然法――自然法は、キケロの言葉で言えば、「私たちの心に刻み込まれているのだ」と捉えられるか、あるいはむしろ、トマス・アクィナスに従って、キリスト教の神によって公布されたと考えられてきた――といった様々な教義にその矛先を向けてきたのである(3)。反基礎づけ主義は、これほど多くの、そして、これほど互いに中味の異なった対象を目標に攻撃を行っている。こうした背景を鑑みるなら、いずれか一人の思想家や一つの教義によって同時に唱えられることのほとんどない多くの主張が、反基礎づけ主義によって一括りにされ手当たり次第に攻撃されるようになったのも当然であろう。さらに、攻撃対象となったそれらの主張のいくつかを、「連座」という訴訟手続きによってまとめて有罪とすることになったのも、もしかしたら無理からぬことなのかもしれない。一括りにされた主張を分類すると、以下のようになる。

①ある特定の道徳的価値は、神によって定められている
②それらは自然秩序の一部である
③それらは永遠に妥当する
④それらは例外なく妥当する
⑤それらはどんな理性的動物によっても直接に知られうる
⑥それらは「道徳感覚」によって認識されうる
⑦それらは人類とは独立に存在する
⑧それらは主観的であるよりはむしろ客観的である
⑨それらは全人類によって共通に保持される
⑩それらはあらゆる人間社会において案出されてこなければならなかった

これらの主張は同じものではない。これらの主張は緊密な関連性によって束ねられているわけではなく、これらのいずれか一つを提唱するからといって、他のすべての主張を受け入れるよう強制されるこ

とはない。神学や道徳哲学が始まって以来ずっと、これらのほとんどについて議論が為され、その複雑な関連が検討されてきた。同様に、基礎づけ主義をめぐる議論においても、これらの主張が独立した綿密な吟味を要するのは明らかである。道徳には何らかの基礎がある、と主張するどんな見解に対しても、そうした綿密な吟味を怠ったまま攻撃を向けるならば、これらの主張のうち少なくとも一つを拒むか疑問を呈するだけで、そのような基礎はいかなるものであれありえない、と無造作に結論するに至り、異なる主張が簡単に混合されてしまうということがしばしば起こるのである。

基礎づけに対する批判において最も一般的に見られるのは、神は存在せず、それゆえ、神によって定められた道徳的法則も道徳的価値も存在しない、と主張すること（主張①の否定）から、道徳に対する確固とした基礎はどんなものであれありえない、と結論づけることへと飛躍するニーチェ的なタイプのものである。あるいは、最初の四つの主張が否定されると、それら四つの主張はしばしば主張⑤〜⑧を根拠づけるのに用いられるため、今度は⑤〜⑧の四つの主張が即座に破棄される。また他の攻撃では、主張の③と④と⑧――ある特定の道徳的価値は、永遠に妥当する、例外なく妥当する、主観的であるよりはむしろ客観的である、と主張するもの――が否定され、道徳に対するいかなる基礎も、存在しないものとして斥けられるに至る。[4] 同じく即決的に拒絶する方法としてしばしば見られるのは、主張⑦――ある特定の価値は人類とは独立に存在する――を立証不可能として拒絶するか、主張②、すなわち、ある特定の道徳的価値は自然秩序の一部である、という主張を、経験的に偽ないし立証不可能であるとして切り捨てることから始めるものである。

認識や道徳の基礎づけに関する主張がこれほど容易に即決的に拒絶される目標だと見られるのは一体

なぜか。主な理由の一つとして、「基礎」という比喩それ自体がきわめて強力だということが挙げられる。この比喩が堅固な支えを示唆するのに引き合いに出されるたびに、決まって無限遡行という問題が持ち上がる。反対に、岩のように強固な基礎の存在を斥けることで、今度はとも綱が解かれて漂うイメージがもたらされることとなる。そのような強固な基礎を肯定するか否定するかによって、道徳や宗教にはどのような影響がもたらされるのか。啓蒙主義の時代には、この問題が重要な論題の一つとなった。ジョン・ロックによって用いられた一つの同じイメージが、そうした議論のどちらの立場からも繰り返し引き合いに出されたのである。

亀の上の象

色や重さのうちにある本来の実体とは何か、と誰であれ問われることがあったなら、固体的な延長した部分である、という以外に、そのひとは何ら言うことはなかろう。さらに、そこに付着する固体性と延長とは何か、と問われるとしたら、そのひとは、例のインド人よりもずっとましな状況にあるというわけにはいかないだろう……そのインド人は、この世界は一頭の大きな象によって支えられている、と言ったため、その象は何によって支えられているのか、と訊ねられたのである。これに対する彼の答えは、一匹の大きな亀だ、というものであった。だが、その広い背中をもった亀を支えているものは何か、と再び問い詰められたので、彼は、それは自分の知らない何かである、と答えた。

ジョン・ロック『人間知性論』

ロックは亀の上に乗った象の比喩を用い、「実体」の意味を伝えようとする努力に絶えずつきまとう困難を示してみせている。認識や道徳の基礎づけに関する探究と同様に、そのような努力はほとんど不可避的に無限遡行という問題を想起させる。ロックは、感覚によって伝達される多くの単純観念が、私たちが「実体」と呼ぶある何らかの基体に内在しているにちがいない、と想像してしまう誘惑について論じることによって以下のことを示している。すなわち、そのような場合私たちは、実在すると自分たちの認識する性質はそれらを支える何かがなければ存在できない、と想像しており、私たちは、それらを支えると想定されるが認知はされない支持物に名前を与え、子供のように語っているだけなのだ、ということである。彼は次のように付け加えている。「この語［実体《スブスタンチア》］の本当の意味は、平明な英語で言えば、下に立つこと、もしくは、持ち上げることである(5)」。

物理的な基礎とのアナロジーを——形而上学においてと同様に、認識論や倫理学においても——用いるなら、その場合それらを支えるものは何か、と尋ねたくなるのは自然である。「最も下」には亀がいるのかどうかという議論においては、こういった類の問いが繰り返し容易に生じる。例えば、ドゥニ・ディドロはロックの一節を引用し、何であれまったく理解不能なものを、同じように理解不能な神の概念を用いて説明しようと試みるどんな仮説も無益である、と示唆した。「まずあなたの無知を告白して下さい、そして、象と亀のことで私を煩わせないで下さい[6]」。一方、ジャン・ジャック・ルソーは『新エロイーズ』の中で、ディドロの喩えを用い、徳を実践するための基礎として宗教的信仰が絶対に必要である、とするジュリの論証を補強している。「私を信じて下さい、徳はあなたの行為の基盤としなければならないものだ、というだけでは十分ではないのです、もしあなたがその基盤それ自体を、ある揺らぐことのない基礎に基づかせないのなら。この世界は一頭の大きな象によって、そして、その象は一匹の亀によって支えられていると考えるあのインド人たちのことを思い出して下さい。そして、その亀は何の上に立っているのかと問われると、彼らはどう答えるべきかもはやわからないのです[7]」。

道徳の基盤を宗教に求めることを拒む「哲学者たち」は、神の命令を基礎として求めず、その結果、あらゆる種類の罪に対する防壁をもたないのだ、とルソーが非難したまさにその一方で、ディドロは、何であれ神の欲求と同じくらい理解不能なもののうちに基礎を求めるひとは、宗教の名の下にあらゆる犯罪を是認するに吝かではないのだ、と論じた。象と亀についてのこの話がこうした相矛盾する結論を支えるために用いられえた理由の一つは、この話が、支える、その上に基礎づけられる、持ち上げるといった比喩を明確に描写する際に伴う直接性と説得力にあるが、そうした直接性と説得力は、今度はこの話が無限遡行の問題を引き起こす際にも発揮される。

この話の含意している内容は、ディドロとルソーによる記述に見られるように、ロックによって与えられていた解釈を剝ぎ取られると、道徳の基礎づけに関する立論を特に損なうように思われる。それどころか、含意されたその内容は、究極の選択という形を取った結論へと容易に向かう。すなわち、最も下にある基礎を見せよ、さもなければ、そこには何もないのだと認めよ、というのである。

物理的基礎と、道徳ないし他の理論的構築物のために要求される基礎との間にひとたびこのように性急にアナロジーが押しつけられると、今度はもっと一般的な空間的仮定がまぎれ込んでくることもしばしばである。すなわち、何であれたんに恣意的だとは見なしえないものの「下には」、必ず何か他のものがあるに違いない、というのである。そうなると、何らかのありえそうもない絶対主義的「どん底」の必要性か無限遡行のいずれかによって、基礎づけに関するどんな主張も脅かされるような推論に至るまで、あとわずかである。

実際、基礎づけの問題に関して様々な宗教で説かれている多くの教義が、道徳の基礎を無限遡行の脅威から守るために神の命令を持ち出し、先に述べた主張①の形でそうした基礎に対する絶対的な保証を主張している。このことからも、こうした推論が魅惑的であることが窺われる。しかし、反基礎づけ主義者が、道徳に対する絶対的で永遠にして無限なる保証を前提する宗教的教義や、その他諸々の教義を無効にするために用いたのと同じ議論を単純に援用し、見込みのある道徳の基礎を主張するもっと限定された見解にまで反論しようとするのは間違っている。というのも、そうしたより限定された基礎が、その支えようとしている対象にとってどれほど強力でかつ永久的な支えとなろうと、その基礎は、物理的基礎がそうであるように絶対主義的基準を満たすことはけっしてないだろうからである。

日常的な問題に対処するにあたって、実践的な目的に見合う共有される道徳的価値の基盤はありうるのか。このように問うための今一つ別の方法は、第一章と第二章で論じたミニマリズム的アプローチを採用することであり、この方法は、私にはより妥当と思われる。この方法では、そうした価値に対する絶対的な保証も完全な合意も要求することなく、実際に広く共有されている価値を探求する。このようなミニマリズム的探究は、共通の地盤を見出すために、まずは先に掲げた主張①〜⑧に関する特定の見解を括弧で括り、主張⑨と⑩——全人類によって共通に保持され、あらゆる人間社会において案出されてこなければならなかった価値に関する主張——をその出発点として取ることができる。

そうした目的のために「基礎 foundation(s)」という概念への言及を放棄する必要はない。しかし、この概念を、それがもつすべての比喩的な重荷とともに、「地盤 ground(s)」という概念も含めたより広い文脈で捉えれば有益であろう。後者の概念には、「最も下にいる亀」を探し求めようとする誘惑はずっと少ない。実際、「地盤」に関する比喩の多くは、地球表面上の人間の姿勢や活動に関わるものであり、その深さを探査することには関係しない。すなわち、対話や討論、争いに重点が置かれるのであって、絶対的な確実性にではない。その重点は和解や同意にあるのであって、完全な一致にあるのではない。辞書によれば、"ground" という語は単数形では地球の固体的表面やその土と結びつけられ、さらに、「見解の共通点を探る seeking common ground」、「前進する gaining ground」、「自らの見解を守る standing one's ground」「立場を変える shifting one's ground」といった使われ方をする。複数形の "grounds" は、論証、信念、活動のために提示される根拠や理由を指し、例えば、「離婚の理由 grounds for divorce」、「容疑の根拠 grounds for suspicion」といった表現で用いられる。同様に、「地面に置く to ground」は地面に置いたり据えたりすることだけでなく、実証すること、正当化すること、基本的で必須の情報を与えることなども意味する。

それゆえ、「地盤」の概念グループは、「基礎」の概念グループに比べ、文化的境界を越えた広範なコミュニケーションや協力を可能にするための基盤を求めるミニマリズム的努力との両立が容易である。

そのようなアプローチでは、「最も下」へと向かう基礎としての必要条件や、先の十ヶ条の主張のうちの一つでも肯定する何らかの宗教的ないし形而上学的教義を選び出すための必要条件は、すべて考慮の対象外に置かれる。その代わりこのアプローチでは、別の意味での地盤を提供する一群のミニマリズム的な価値を特定することに努力が向けられる。すなわち、判断、行動、選択、行為の仕方、生活様式等々に対する理由を提供するだけでなく、あらゆる道徳的伝統でこれらの問題についてコミュニケーションを図ったり、深く考えたりする際に欠くことのできない、社会的に形成される基盤を創造するものとしての地盤である。

実際、「基盤 basis」という概念は、「基礎 foundation(s)」や「地盤 ground(s)」といった概念と、関連したいくつかの点で重なり合っているが、それらの概念よりもミニマリズム的な目的にいっそう適っている。辞書に掲げられた "basis" の意味のうちのいくつかは、ミニマリズム的な観点からすると、特に直接関係してくる。すなわち、「任意のものの主要な、あるいは、最も安定した構成要素」、「何らかのものの主要な要素、重要な成分」、「それに基づき任意のものが建設、構築、確立されるもの、また、それによってその構造ないし作用が決定されるもの、土台、足場」、「交渉の、もしくは、行動の根拠として規定されたり同意されたりする一連の根本方針」等々。[8]

オノラ・オニールは、その著『理性の構成』の中で、基礎のない構成主義的な倫理学を主唱している。この倫理学はいかなる意味でも恣意的であることなく、堅固に、かつ、慎重に構築されうる。宇宙建築物に喩えた彼女の巧みなアナロジーを紹介しよう。

宇宙衛星には、「基礎」もなければ、「より高い」、「より低い」ものとして同定可能な部分もないが、いずれの部分もがっちりと噛み合っているのでなければならない。それらの部分の構成は恣意的ではない。同様に、倫理的要求についての構成主義的解釈も、基礎は一つも提唱しないが、だからといって秩序のないたんなる多数の道徳的直観に訴えているわけではない。他の建造物と同じく、どの部分も、構成の一貫性と機能を念頭に置いて互いに結びつけられているのでなければならない。その技術は、人間の合理性や行為能力についての最小限でかつ妥当と思われる想定を活用して、行動と反省に指針を与えることができるくらい豊かで強固な解釈を、倫理的要求に関して構成する。(9)

道徳についてこのように解釈された構成主義的な基盤は、客観性や絶対性による超人間的な保証を要求しない。そうではなく、そうした基盤は、ミニマリズム的な基盤であるかぎり、まったく異なる伝統それぞれの内部やそれらの伝統どうしの対話、討論、交渉を企てる土台ないし足場を提供するのであり、そうした土台や足場がなければ、それらの伝統は共通点のないままである。そのような土台ないし足場となるのは、交渉や活動のための出発点として同意の得られる価値群である。たとえ、この問題に関心を寄せるひとびとから、それらの価値自体が根拠づけや正当化の対象として様々な仕方で捉えられる(例えば、主張①〜⑧のうちの一つかもしくは複数の主張に従って解釈される)としても、それらの価値は、ひとびとが共通に保持しうるものの「主要な、あるいは、最も安定した構成要素」なのである。

ミニマリズム的パースペクティブから捉えた多元主義と共有される価値

道徳の基盤ないし基礎もしくは地盤に対するこうしたアプローチは、アイザイア・バーリンによる先の二つの記述で表現された見解と調和できるのか。すなわち、広範囲に及ぶ彼の多元主義と、もう一方の、正・不正について異文化間で下される判断のうちの少なくともいくつかには共有される価値が認められる、という彼の主張を、ともにそうしたアプローチによって包含できるのか。最初の一節においてバーリンは、絶対的価値への切望や、「私たちのもつ価値が、何らかの客観的な天界においては永遠で確固たるものだと保証しようとする」ことへの切望を、幼年時代の遺産として度外視し、主張①〜④と⑦、⑧をすべて斥けていると見ることができる。彼の第二の引用でも、それらはいずれも主張されておらず、代わりに主張⑨の変形が肯定されている。すなわち、共通の道徳的価値のうち、少なくともそれ以上減じることのできない最小限度を受け入れることが、「私たちが抱く普通の人間という概念に含まれる」という主張と、人間のそうした特質こそが、人間の道徳の基礎という概念を慣習や法律といった概念から区別するのに役立つ、という主張である。

ミニマリズム的パースペクティブから眺めると、バーリンの二つの記述は、矛盾や克服できない緊張を必ずしも表わしてはいない。むしろ、それらの記述で明確に表現されている立場は、道徳の基礎についてのより広範囲にわたる多くの主張を括弧で括るミニマリズム的アプローチとうまく合致する。しかし、バーリンのように「私たちが抱く普通の人間という概念」を、共通の道徳的価値を受け入れるひとの範囲を定めるものとして選び出すなら、どんな見解も二つの問題を抱えることになる。というのも、普通性と人間性はそれら自体が別々に、時には両立できないあり方で解釈されてきたものだからである。

第一に、これまで様々な集団が自分たちに特有の道徳的教説について、それ以上の支えも説明も必要ないほど自明であり、同時に、人間であるということの意味するものの多くの部分を占めている、と見なしてきた。その結果、何が普通の人間と言われるものを特徴づけるのかをめぐって、大きくかけ離れたいくつもの主張の拮抗する事態が続いてきたのである。自明性に関するそうした主張は、主張⑤と⑥の表現――ある特定の道徳的価値は、どんな理性的動物によっても直接に知られうるのであり、また、私たちの眼前にあるものを認識させる視覚と類似した「道徳感覚」によって認識されうる――によってしばしば定式化されてきた（バーリンはそうはしていないが）。そのため、そうした自明性をまったく経験しない者、すなわち、そうした自明性を宣言するひとにとってはきわめて確実であるのに、それを認識できないか、または、認識しようとしないかのいずれかである者は誰であれ、（成人の）人間の普通性の範囲外にあるにちがいない、と容易に結論できると思われるようになった。自明性について、そうした冷静で平然とした主張をなおも続けることができた最後の研究者として、G・E・ムーア、W・D・ロス、H・A・プリチャード等をはじめとする二十世紀初頭の英国直観主義者が挙げられる[10]。例えばロスが論じているところでは、「私たちが、十分な精神的成熟に達し、この命題に十分な注意を払っていた場合」、約束を果たしたり財貨の公正な分配をもたらしたりする行為の正しさは自明であって、「ちょうど、数学の公理や推論形式の妥当性のように明らかである。それらの命題で表現された道徳的秩序は、この宇宙の（さらに付け加えるなら、少なくとも道徳的行為者が存在する任意の可能的宇宙の）根本的な本性の重要な部分を成すのであって、それは、幾何学や算術の公理によって表現された空間的ないし数的構造と同様である」(11)。

彼らがこのようにして正しいと見なしたものは、精神的に成熟したすべてのひとにとって自明であるはずだ、と考える者は現在ほとんどおらず、まして、「私たちが抱く普通の人間という概念」を満たすすべてのひとにとって自明である、と考える者はいない。その理由は、「普通の人間」という概念が、「精神的に成熟した」という概念と同じくきわめて曖昧であり、さらに、そうした概念は虐待に通じるものであるとして評判が芳しくない上、道徳が問題となる場面ではなおさらだからである。そのような規範から外れると見られるひとは誰でも、たんに不完全な人間として扱われるだけでなく、野蛮人、変質者、背教者、凶暴者、人非人などとして搾取されたり罰せられたりする可能性がある(12)。

普通性や人間性という概念は、そうした形での搾取や虐待を正当化する目的で持ち出されることがあまりに多かったため、それらの概念をあっさり諦めてしまおうかと迷う気持ちは強い。人間の幸福にとってきわめて有害な目的のためにこれほど持ち出されやすい概念を放棄しようではないか、というわけである。しかし、「基礎」や「地盤」の場合と同様に、そうした誘惑に抗うことが可能である。仮に、虐待に手を貸すような概念を取り除いてしまおうとする方向に一歩でも足を踏み出すなら、私たちは一貫性を守るため、他の多くの概念――その中には、真理、正義、平等、自由などの概念も含まれる――も目につくかぎり果てしなく放棄しなければならないことになり、貧弱な道徳的語彙だけが残されることになるだろう。

普通性や人間性といった概念を放棄する代わりに、ミニマリズム的なアプローチでは、罰したり搾取したりするのにそれらの概念が用いられる危険性を特に警戒しつつ、道徳的議論のためにそれらを残しておく。このアプローチでは、主張⑨、すなわち、ある特定の道徳的価値は全人類によって共通に保持される、という趣旨の主張を、守備範囲の狭い用語を用いて表現しなければならない。また、それらの価値の自明性に関する主張や、何が普通で何が普通でないか、何が人間本性に内在し何がそうでないかといったことについての断定を、すべて括弧に入れて考慮の対象外としなければならない。

しかし、たとえ主張⑨をそのようなミニマリズム的パースペクティブから厳密に捉えるとしても、第二の問題が残る。主張⑨それだけで、道徳に対する共通の基礎についての私たちの理解を支えるのに十分だと言えるのか。もし、主張①～⑧のうちのいずれか一つでも括弧に入れて対象外とするなら、ひとはいかなる根拠をもって主張⑨を主張できるのか。さらに、しばしば主張①～⑧から導出されると考えられる派生的な自明性も含めて括弧に入れる場合はどうか。道徳的価値を、すべての人間に向けられた、神の命令によって定められたものだ、とか、そうではなく、人間からは独立に存在するがすべての人間に有効なのだ、といった条件つきで一般に承認されるものと見なすのか、あるいは、そうした信念をもたずに一般に承認されるものと見なすのか。二つの態度は、まったく別のものである。私たちが様々な価値を、超人間的ないし人間外的にではなく、人間的に根拠づけられたものだと考えるようになるに従い、それでもなおそれらはそのように共通に保持されるべきだ、との見解は受け入れられにくくなっていく。

だとすれば、私たちは主張①～⑧のいかなる組み合わせにも依拠することなく、そのような共通の基盤についてどうやって説明できるだろうか。それを果たすために私が提言するのは、主張⑩――ある特定の道徳的価値は、あらゆる人間社会において案出されてこなければならなかった――が、主張⑨を支持するために援用されるべきだ、ということである。バーリンは、彼の最新の著作『人間性という歪んだ木材』の中で、「人間は誰でも善悪の基本的な感覚をもっている」ということと、「たとえ普遍的な価値でないとしても、いずれにせよ、社会が生き残りうるために不可欠であるような最低限の価値」があることを強調し、主張⑨と⑩の両方に依拠することで、価値をめぐって様々な文化それぞれの内部や、それら文化どうしで生じる衝突の不可避性についての自らの解釈に修正を加えている[13]。

主張⑨を単独で納得のいくように主張するには、それに先立ち、超人間的由来のものでも人間外的由来のものでもない、人間由来の根拠が要求されるが、主張⑩が説得力をもつかぎりにおいて、初めてそれはそうした根拠を得られることとなる。したがって、主張⑨と⑩をともに組み合わせることで、主張⑨だけの場合よりいっそううまく、倫理の基礎に向けたミニマリズム的アプローチの目的に適うようになる。そうすれば、それら二つの主張は、残りの主張①～⑧のそれぞれについて大きく見解を異にするひとびとが道徳に関する議論を行う際に必要な基盤、ないし、共通の地盤を与えることができるのであり、さらには、異文化間で行われるいっそう実りのある厳密な対話、討論、そして――当然ながら――批判に対しても、そうした基盤を与えることができる。

主張⑨と⑩では、人間のもつ共有される価値について述べられているが、それらの価値の役割を伝えるためには、普通性とか人間性とかいった概念より、「人間の条件」という概念の方がより適していると思われる。この概念は、様々な神の系譜もしくは神による創造から「堕落した」状態をはじめ、生物学的な決定論にいたるまで、人類が共有していると考えられる多くのものを表わすのに用いられてきた。

けれども、ミニマリズム的な観点から捉えるなら、「人間の条件」というこの概念には、人類が人類どうしにかぎらず他の種とも共有する、生存上必要なものが少なくとも含まれる。すなわち、人類も他の種も、もし、十分な酸素、食物、水、雨風を凌ぐための住居を十分に獲得できなければ絶滅する、という事実が含意されている[14]。人類が集まって共同体を形成するに至り、そして今度は、少なくとも基本的な形態での相互支援や尊重、寛容等を案出しなければならなくなったのは、まさにそれら生存上の必要に応じてのことである。そうした共通の基盤をもとにして、実に様々なバリエーションが可能となった。サミュエル・ジョンソンが述べているように、「たしかに、ある種の修練、例えば、会話や仕事は、ひとびとの知的進歩の間に無秩序と不均等を生み出すが、それでも、それらのあらゆる無秩序と不均等の中には、炯眼な観察者であれば気づくような、一般的でそれほど密接でない類似性が存在する。そのような類似性は、限りなく変化に富んだ外的環境によって影響された、同じ共通の本性のうちに期待されるものに他ならない[15]」。

「人間の条件」についてのミニマリズム的な解釈では、ジョンソンの見解を用い、本章冒頭で引用した二つの記述の間の緊張を和らげることができる。すなわち、人類は、生存上の必要という観点から見るかぎりは「同じ共通の本性」を共有しているが、しかしまた、「限りなく変化に富んだ外的環境によって影響され」てもいる。そうした条件を背負いながら、人類は実際にはきわめて多くの場合に、少なくとも最小限の基本的な人間の価値を認識する。「人間の条件」についてのミニマリズム的な解釈は、そのような人類としての私たちの経験を扱うのである。こうした解釈は、今度は、道徳的議論のための、また、明らかに非人間的な慣習に対する批判のための共通の地盤を、たとえ限定的なものにせよ、私たちが把握するのに役立つかもしれない。倫理に関するバーリンの見解はきわめて多元論的であったかもしれないが、彼はそうした共通の地盤を保持することを望んだのである。

ミニマリズム的見解は、対話、議論、批判のための共通の地盤を提供する。では、価値に関するそのような見解は、実践の場面において、本当の意味での違いを生じうるであろうか。多くのひとが、たとえ原理的にはそのような見解を支持する論証を受け入れてはいても、この点に関しては疑いをもっている。また、道徳的な考察を政策決定の場に持ち込むのは混乱以外の何ものでもなく、恐らく逆効果だと見なすひともいる。どちらのグループの思想家も、暴力と無法性への性向は戦争の再発を不可避にすると捉え、そのような人間本性に抗おうとするのは空想主義《ユートピアン》だ、と見なしている。現在、世界のいたる所でひとびとは敵対しあっている。それらのひとびとが手にしている技術的な手段は、異文化どうしの協働を実現させるための共通の地盤を探求するという以外の選択肢を選んだ場合、かつてないほど惨憺たる結果をもたらすことになる。これほどまでに暴力的な世紀の終わりを迎える今、空想主義だという非難を再度検討してみる価値はある。

第四章　永久平和の擁護者——空想主義者か現実主義者か

普遍的で、永遠に続く平和をめざすという構想は、これまでエラスムス、アベ・ド・サン＝ピエール、カントその他の思想家たちによって提起されてきた。しかし、この構想は空想主義的、偽善的であるとして長い間顧みられることがなく、当時は危険な異端思想として弾圧までされた。これらの思想家たちは、戦争とは人間の条件がもつ免れることのできない特徴であるとか、永久平和はたとえ可能だとしても将来においてのみである、とする一般的な見解に異論を唱えたのである——そのような一般的見解は、現実主義、平和主義、正戦論と呼ばれてきた立場のいずれを支持するかにかかわらず、古来、大部分の研究者にとって自明だと思われてきた。

しかし、核の時代にあって、もはやこの一般的見解を手つかずのままにしておく余裕はどの国にもない。諸国は、次の世界大戦を起こす危険を冒すことはできない。万一そうした戦争で核兵器を使わずにすんだとしても、現代の通常兵器は人類が経験したことのないほどの荒廃をもたらすことだろう。長引く地域紛争についても同様であり、これを容認することはできない。こうした見解はますます強まっている。というのも、地域紛争は大規模な戦争の火種となる危険を孕むだけでなく、それによってもたらされる貧困化、ホームレス状態、実害等々の程度の甚大さが懸念されるからである。さらに、現在世界中の国々が直面している社会的ならびに環境上の脅威に対処するためには、永久平和という条件下でしか達成できないようなレベルでの協調が必要となるだろう。

それゆえ、今日、世界の永久平和がどれほど達成困難なものであろうと、自己保存のためには、それに向けた世界規模での努力が不可欠である。だとすれば、かつてそうしたアプローチを主唱した上述の思想家たちの著作を改めて検討する価値があろう。たしかに、それらの思想家たちが提起したものの中には、即効的な解決策以上のものが含まれる。さらに、彼らの企図した最高度に緻密な案のうちにも、現代の国際関係にはほとんど適用できないものがいくつかある。しかし、彼らの著作に示された次の二つの重要な点は、過去においてと同様に現代においても通用する社会的意味をもつ。すなわち、戦争は絶えず私たちとともにあるだろうとする一般的仮定への大胆な挑戦を試みている点と、揺るぎない平和を築こうとする世論の動向をいかに創出するかについて示唆している点である。

デジデリウス・エラスムスとイマヌエル・カントの著作では、以上の趣旨の論証が特別な巧緻さと力強さをもって遂行されている。その論証は、戦争と平和をめぐる理論にのみ関わるものではなく、今日の各国政府、組織、個人によって行われている実際の選択にも関連する。これまで、現実主義、正戦論、平和主義というそれぞれの立場の理論を支持する多くのひとが、永久平和という目標に向かって活動する必要性については同意を示すに至っているものの、その手段をめぐっては意見を異にしたままである。そうした手段について論議するにあたっては、これら二人の思想家が先鞭をつけた、相互に秩序づけられた実践的諸基準を考察することが役に立つだろう。この後、両者の著作のうちいずれが最良であり、また、それはなぜかといったことを詳しく見ていくが、それによって得られるすべての成果に照らして、彼らの提起する諸基準について検討する。さらには、そのような考察を通じ、国際関係における道徳の役割と必要性について、現実主義、正戦論、平和主義という三つの理論的観点それぞれの内部からの再考が促されることとなるだろう。

人間本性、戦争、倫理

しかしながら、過去に起きた出来事や、将来いつかまた別の時に、ほとんど同じような形で繰り返されるであろう出来事（人間本性とはそういうものなのだが）を明確に理解したいと望むひとびとによって、私の語るこれらの言葉が有益だと判断されるなら、私にはそれで十分だろう。

トゥキュディデス『ペロポンネソス戦争』(一)

トゥキュディデスによって記述されたアテネとスパルタの争いは、何世紀にもわたって再三繰り返されてきた。トゥキュディデス以後のたいていの思想家は、戦争が人間の条件によって恒常的であり続けると当然のように見なしてきたのであり、それは、彼らが戦争を誇りとするのか、許容するのか、糾弾するのか等々、いずれの立場をとるにせよ変わらない。たしかに、戦争をしばらくの間食い止めたり、世界のいくつかの地域から遠ざけたりすることは可能である。しかし、経験が示しているように、永久にこれを根絶することはできない。彼らはそのように論じてきた。そうでないと考えるなら、それは幻想に囚われているのだ、というわけである。

こうした思想家たちは、本節冒頭の引用においてトゥキュディデスが述べているように、次のような人間本性に言及することで戦争の永続性を説明してきた。すなわち、闘争を好み、恨みがちで、派閥根性をもち、征服と権力への強い欲望に支配されるといった、救いがたい本性である。しかし、彼らはまたトゥキュディデスと同じく、生き残りのために共同体を互いに戦いへと駆り立てる、欠乏や病苦といった外的な境遇も引き合いに出してきた。さらには、そうした特性や環境が人間を悩ませるのは、宿命や何らかの超自然的な力によるのだ、と考えられることもしばしばであった。例えばホメロスは、神々が気晴らし、企み、娯楽といったもののために、関係者を操ってトロイア戦争を長引かせたのだと描写している。また、聖書に記された神については、人間を罰したり、試したり、正しい者と正しくない者を区別したりするために、困難や厳しい試練を課すのだ、と解釈されてきた。

そうした苦境にいかに対処すべきか。この問題をめぐっては、数世紀にわたり、主に三つの立場から議論されてきた。すなわち、人間の条件のせいで戦争は恒常的である、という共通認識を背景に、苦境への対処は、現在私たちが現実主義、平和主義、正戦論と呼ぶ立場の少なくともいずれか一つに与して行われたのである。とは言え、それらは当然ながら、何世紀もの間に他の要素で覆われたり、混じり合ったり、変種が生じたりしている。

現実主義者は、しばしばトゥキュディデスを引き合いに出し、何であれ戦争のように永続的なものの残虐性や不道徳性を非難するのは無益であり、もしかしたら危険でさえあろう、と主張した。大事なのは、そうした非難を行うことではなく、何が統治者ないし国の自己利害に役立つのかについて、戦略上最も有効だと評価されるところに従って行動することだ、というのである。このような考え方においては、国の独立性、富、権力を保全もしくは増強するために戦争に従事するのは許容可能であって、立派なことですらある。このような見解に従うなら、何であれ個々の戦争を起こしたりそれを指揮したりする際に正・不正についての道徳的判断を仰ぐのは、見当違いであることになる。

反対に、テルトゥリアヌス、オリゲネスをはじめとする初期キリスト教平和主義者たちは、道徳や宗教が、戦争をはじめ、あらゆる殺人を放棄するよう人間に対して命じている、と論じた。どれほど戦争が一般に行われるものであろうと、また、何らかの戦争がいかなる利益をもたらすことになろうと、あらゆる戦争参加を拒むことはキリスト教徒の義務である。さもなければ、己の敵を愛し、もう一方の頬を差し出せ、とする聖書の命令はすべての意味を失うことになろう、というのである。

アウグスティヌスやトマス・アクィナスといった正戦論者たちは、平和主義者と同じく宗教的、道徳的根拠に基づきながらも、戦争に頼ることを放棄するのではなく、条件つきで認めることを主張した。これらの思想家たちが正当な根拠のある戦争と見なしたものとしては、自衛のために行われる戦争、同盟国を防衛するための戦争、過ちを犯したことを罰するための戦争、不信心者たちを改宗させるための戦争など、様々なものが挙げられる。しかし、自らの主張するその根拠がどれほど正当な場合であっても、武力の行使については、正義に照らし、細心の注意を払って検討するよう要求することも忘れていない。

十六世紀の初頭には、戦争が蔓延している状況への対処をめぐって第四の立場が現れた。エラスムスをはじめとする思想家たちが、彼ら自身の用語で言うところの「永遠平和」に向けた具体的な実践手段について主張したのだ。彼らは、戦争が永続的本性をもつ、とする一般に受け入れられたテーゼに反論したわけだが、それだけではない。彼らはまた、戦争が一体いかなる場合に正当化されるのかをめぐって、既存の三つの立場を採る思想家たちの提起する個々の主張に対しても異論を唱えている。けれども、かつて永久平和に向けた提案は、直ちに拒絶されるか弾圧されることとさえしばしばであった。このため、これらの思想家たちは広く知られるような基礎的テクストを系統立てて著しておらず、また、他の立場から活発な批判が展開されることもなかった。その結果、永遠平和を主張することが、平和主義とは異なる立場に資するものと見られたことはほとんどない。しかし、今日に至って、彼らが戦争と平和についての新たな思想的立場を形成していたのであり、他の三つの立場と同じく、十分研究に値するものであることが徐々に明らかになりつつある。この第四の立場に属する思想家として、デジデリウス・エラスムスの他、ウィリアム・ペン、アベ・ド・サン＝ピエール、イマヌエル・カント、ジェレミー・ベンサムがいる。この立場を研究したり批判したりした思想家としては、ライプニッツ、ルソー、ヘーゲルが挙げられる(1)。

この第四の立場を採った思想家たちは、平和が人類にとってともかくも自然の状態である、という幻想を抱いたのではない。彼らにしても、繰り返される侵略、不正、戦争についての歴史上の記録に言いがかりをつけることができたはずもない。彼らが意図したのは歴史に言いがかりをつけることではなく、そうした過去の経験から軽率に未来を予測していると彼らの眼に映ったものに対して、異を唱えることであった。すなわち、これまでそうであったところのものから、常にそうであるに違いない、と何の保証もないのに推論することに対して異議を申し立てることをめざしたのである。やがては諸国も過去の破壊的なパターンを脱け出すことができるのだ、と彼らは論じている。しかし、彼らは多くの空想主義者とは異なり、恒久的調和を招来するような何らかの突発的な政治上の変革や宗教上の変革をほとんど信じてはいなかった。彼らの抱く不信感はとりわけ強い。なぜなら、そのような変化を生み出すために用いられる暴力は、そのもともとの動機がどれほど人道的なものであったにせよ、歯止めの効かないものとなってしまう。そして、暴力を振るう側と犠牲者の側双方に腐敗〔「腐敗」については本書第五章参照〕と残虐行為がもたらされることとなるのであり、彼らはそれを目の当たりにしてきたからである。

これらの思想家たちが到達した総合的立場は、エラスムスによって雄弁に語られ、カントによってさらに高度の正確さと明確さを与えられるとともに、より大きな視野の下に体系化された。その際、戦略については現実主義的な言語が用いられたが、同時に、平和主義者や正戦論者にも共通する規範的な言語も用いられた。この見解によると、諸国は、基礎的な道徳上の抑制を尊重することによってのみ、永久に続く戦略上の恩恵を獲得することができるのだが、しかし、道徳的抑制を唱えるばかりで、それらを遵守するよう促進したり強制したりするための、相互に秩序づけられた実践的な諸手段が示されないなら、効果はほとんどない。実際のところ、戦争は私たちの運命であり続けるかもしれない、と彼らは認めている。しかし、私たちには異なった選択をする自由もある。どの世代も、過去の誤りを繰り返すよう強いられているどころか、旧い世代の過ちと災厄から学ぶ機会を与えられているのであり、そうして、永遠に続く平和の状態へと徐々に移行する能力を有しているのだ、というのである。

エラスムス

人間の生命より儚いものがあるでしょうか。自然より与えられたその寿命は何と短いことでしょう！　容易に病に冒されてしまうし、それに、絶えず事故に曝されていることといったら！　自然がもたらす避けることのできぬ不幸は、すでに我慢の限界を超えています。それなのに、人間という愚か者は、その頭上に最大にして最悪の災難を自ら招くのです……。人間はいつでも、そして、どこにでも、武装して突進していきます。人間の激情に限りはなく、破壊的な報復に終わりはないのです。

エラスムス『平和の嘆き』

エラスムスほど戦争の愚かさと残虐さを力強く語った者はほとんどいない。一五〇〇年に出版された彼の『格言集』は、出版当時、聖書に次いで最も広く出回っていたと伝えられるが、この著作に収められた、「戦争は、それを経験したことのない者にとっては甘いもの」と題された試論の中で、早くも彼は戦争を痛烈に批判している。(2) 一五一四年から一七年にかけては、戦争に明け暮れていたヨーロッパの列強諸国が束の間の停戦状態にあった時期である。当時、さらに長く続く平和が少なくとも可能と思われたのであり、この間、エラスムスは自ら全霊を傾けてその実現に尽力していた。(3) 彼は、揺らぐことのない和平合意の締結をめざし、「諸王会議」——ヨーロッパ各国の国王たちによる「首脳会議」——の招集を提案した。彼はまた、『格言集』の最新版の出版に向け、戦争を経験したことのないひとびとにとっては戦争とは甘美さをもつものなのだ、とする自身の試論を修正、加筆した。さらに、この後間もなく神聖ローマ皇帝カール五世〔一五〇〇―一五五八年、在位一五一九―一五五六年〕となる若きスペイン君主カルロスの手引き書として、君主のための一冊の教本——『キリスト教徒の君主の教育』——を執筆した(4)。

この著作は、マキアヴェリの『君主論』(二、三年早い時期に書かれたが、まだ出版されていなかった〔佐々木毅訳『君主論』講談社、二〇〇四年。『君主論』は一五一三―一四年頃に執筆されたと考えられている。出版されたのは一五三二年で、マキアヴェリはすでに死亡していた〕）と顕著な対照を成す。マキアヴェリは、権力を獲得したり保持したりするために必要とあらば、いかなる場合でも暴力、欺瞞、裏切りに訴えるよう君主に勧めている。それまで君主のための助言を記した書物では徳に力点が置かれるのが一般的であり、マキアヴェリの著作はこの点でかなり異色なものであった。一方、エラスムスは、良い統治のためにはまず道徳的な徳が必要であると強調した。また、マキアヴェリは何よりもまず戦争について研究するように君主に勧めたが、エラスムスは「平和の術」を学ぶことを優先させている。「平和の術」とは、いかにして公正な法律による支配を確立し、どのようにそれを維持するのか、いかにして民衆の健康を向上させ、十分な食料の供給を保障し、都市やその周辺を美化し、戦争に代わる外交手段を身につけるか、といったことを指す。「戦争の始まりについて」と題された最後の短い章では、君主に対し、けっして戦争に頼ってはならず、あくまで最後の手段として取っておくように、と説いている。しかし、「もしあまりに荒廃が進み、戦争を防ぎえない事態に陥ったなら」、その場合、君主は流血沙汰を最小限に食い止めながらもこれを実行し、闘争をできるだけ速やかに終結させるべきである、と

する。(5)

エラスムスは、『キリスト教徒の君主の教育』を出版した翌年、『平和《ピース》の嘆き』で、新たな議論を展開した。(6)この時には、エラスムスは自分の著作を一人の君主にだけでなく、ヨーロッパの全統治者に送っている。平和《ピース》というのはこの著作の主人公で、「自分はすべての国から拒絶された、と彼女自らが」語っている。彼女の嘆きは戦争の不条理と残酷さに向けられている。人間につきまとうあらゆる不幸のうち、戦争は最大の謎である、なぜなら、戦争は自発的行為だから、と彼女は論じている。仮に、彼女に向けられた侮辱と無礼が人間に有利に働いているのなら、人間がなぜ彼女を迫害するのか、彼女は少なくとも理解できたであろう。しかし、人間は戦争に従事することで自分たちに降り注ぐ災難の嵐を呼び込んでいるのだから、彼女は自身の嘆きよりも彼ら人間の不運について彼らに語り聞かせねばならない、というのである。

エラスムスは以上のいくつかの著作の中で、当時スペインやその他のヨーロッパ列強諸国の宮廷で支配的だった、現実主義的思想と正戦論の思想をこきおろしている。同時に、常に無抵抗を主張する平和主義的立場からは距離を置いている。第一に、初めはどれほど戦争が魅力的に思われようと、それに惹きつけられるのは夢想家であって、現実主義者ならそのようなことはない、と彼は論じている。戦争からもたらされるのは、ありとあらゆる幸福の難破であり、そこからもたらされるのは、あらゆる災難の海である(7)」。戦争が利益をもたらすと主張するのは戦争を経験したことがないからだ、と彼は断言する。戦争をかいくぐって生きてこなければならなかったひとびとが助言を求められる機会は、あまりに少ない。その結果、愚かなことに、どの世代も戦争の犠牲についてゼロから学ぼうと企てる。国家の自己利害という最も徹底した戦略的根拠に基づく場合であっても、戦争の代償を真に現実的に見据えるなら、一切の武力に訴えることを君主は思い止まるはずである、とエラスムスは主張している。

第二に、ある特定の十字軍遠征や戦争は正しいとする主張についても、エラスムスは同じく疑念を表明している。当時の戦争では、敵対する双方の聖職者が、自分の主君こそ正当な動機を有しているとして朗々と語り上げる光景が実に多く見られた。エラスムスはこれについて、侮蔑を込めて取り上げている。正当な動機があるのは自分の方だと考えない者がいるだろうか。エラスムスはこのように問いかけ、戦争を始める理由を求めるに際しては先入観と腐敗に囚われる公算が大であるから、「善良なキリスト教徒たる君主なら、どれほど正しい戦争であっても、戦争を始める前に常に疑ってかかるべきである」と警告している。非常に多くの征服や遠征がキリスト教教会の名の下に行われているが、「キリストの説いた全哲学はその反対のことを教えている」のであるから、それだけにいっそうこのように疑うことが必要である、と彼は主張する(8)。

第三に、エラスムスは平和主義者の問題意識と向き合い、条件つきではあるものの、自衛のための戦争は実際のところ合法的であると主張している。すなわち、調停も含めた他の手段をすべて試み尽くしていること、および、どんな戦争においてであれ、けっきょくは統治者以上に直接被害を受けることとなる民衆の同意が得られていること。これらの条件さえ満たされるのであれば、自衛のための戦争は合法的である、とする。もし、これらの手続きに真剣に取り組むなら、どんな戦争も続行されるかどうかは疑わしい。しかし、この場合、戦争回避という決定が下されるのは、宗教上の根拠や道徳上の根拠はもちろんだが、実利的実用主義的な根拠にも基づいてのことであって、どんな犠牲を払ってでもあらゆる戦争を絶対的に拒絶するということではない。

エラスムスの時代においてだけでなく、私たち自身の時代においても、暴力的な闘争や組織化された戦争はともかくも人間の条件に内在的である、との根本的想定が広く共有されている。エラスムスは『平和の嘆き』で、こうした想定に対し注意深く議論を重ねて異議を唱える。人間存在が、戦争のもたらす破壊と死によってこれほどまでに苦しめられねばならないのはなぜなのか。彼は、この問いに対して与えられる、次のような最も一般的な三つの説明のそれぞれについて論じている。すなわち、戦争は、人間本性において拭い去ることのできない欠陥のせいで、あるいは、外部からの圧力のせいで、または、神意によって、常に私たちとともにあるだろう、という三つの説明——さらに、もしかしたら以上のすべての原因による、とする説明——である。

第一の説明を奉じ、人間が永久平和のためのあらゆる機会を潰してしまうのは、強欲さ、攻撃的であること、復讐心に富む、といった人間の特性が全面的に浸透しているからだ、と指摘するひとに対して、エラスムスは次のように問う。人間のうちにある何が、人間を戦争へと駆り立てるのか。人間は、永久平和の機会をすべて排除してしまうという、拭い去ることのできない人格的特性を課されているのか。それが本当であるとしたら、私たちは人間本性をどのように捉えるべきなのか。これらの問いに対し、エラスムスはまず、次のように述べている。すなわち、人間本性が戦争を不可避なものとするという特性をもつのだとしても、それらの特性は動物と共有されえない、なぜなら、動物は自分と同じ種の仲間に対して、組織化された敵意を示すことはないのだから。人間の行為が動物の行為に比してこれほどまでに下劣なのだから、人間の最悪の行為について、獣のような、という語をあてがうのは動物に対して不当であろう。(9) 人間が互いに対して示す悪徳にしても、戦闘で用いられるようになったますます破壊的になっていく機械にしても、それらに匹敵するものは自然界のどこを探しても他に見当たらない。

人間と動物を区別する特性についてはどうか。たしかに動物は、私たちが戦争へと向かう傾向にあるのとは異なっている。しかし、私たち人間が推論能力を有していること、また、一人では生存することができないため家族や社会に依存するものであること、そして、私たちに備わった「言語能力という、社会的繋がりや心からの愛のための最も友好的手段」――これらの特性は、戦争をもたらすのに適してはいない、とエラスムスは論じている。反対に、これらの特性は人間を戦争のうちにではなく、平和のうちに共存していくようにしむけているのだ、と彼は結論づけている。エラスムスによれば、私たちは、「永久に続く不和、訴訟、殺人」に慣れ切ってしまっているがゆえに、本性的に戦争へと向かう傾向を与えられていると誤解させられ、そのような行為をしでかすのである。こうした状況は、指導的立場にあるひとによる対策や、教育、社会の改良等々による対策が何も講じられないなら、ますます容易に助長されることだろう。

エラスムスは、二つ目の一般的な説明――飢饉や困窮といった外的な圧力や自然災害が原因で、争いは必然的に繰り返される、という説明――に対しては次のように答えている。すなわち、これらのまぎれもない外的な圧力に加え、戦争によってもたらされるあらゆる苦しみを上塗りするなど、まさしく狂気の沙汰である。人間社会は、そうした困窮が原因で起こる争いに最も理性的な方法で対処しようにも、自らが陥っている腐敗のためにそれができずにいる。エラスムスは、彼自身の時代の状況への責任が、何よりもまず統治者にあると指摘する。彼ら統治者たちは、己の強欲と狂気のせいで、繰り返し見境もなく、民衆を戦争の悲劇へと駆り出している。しかし、統治者たちだけでは、こうした大混乱を引き起こすことはできない。憎悪と争いが蔓延してしまっているのだ。エラスムスは、そうした特徴を備えたいくつかの集団を分類している。すなわち、市民は敵対心や不和へと向かう傾向にあり、廷臣たちは陰謀や悪意によって雰囲気を害している。古典学者と神学者は互いに反目し合い、聖職者と修道士は宗派に分かれた議論によって互いを酷評しあっている。そして、傭兵は、自らが人間社会に負わせる苦痛を糧に生きる人間の屑である。

三つ目の、古代以来一般的となっている説明――戦争へと向かう人間の傾向は神意による、とする説明――は、原理的には先の二つの説明の根拠となりうるものであり、改善のためのあらゆる提案の効果を損なう可能性がある。この第三の説明によると、人間本性そのものが永続的な戦争状態に運命づけられているのではないかもしれず、また、外的な圧力もそれだけで戦争状態を助長するわけではないかもしれないが、しかし、それらの状態がいつまでも続くよう神が見張っているのかもしれない、というのである。エラスムスは、こうした神学的主張に対して聖書を引き合いに出し、キリストの中心的な教えはそうした主張とは全く反対に、平和、許し、非暴力について説いている、とする。エラスムスの時代のヨーロッパは、たしかに、残忍な戦争状態にほぼ絶え間なく見舞われていた。けれども、もし誰であれそうした状態を企む者があれば、それはむしろ悪魔にちがいない、と彼は示唆している。

エラスムスによって取り上げられたこれら三つの説明は、戦争の不可避性に関する古代からのドグマを支持するために最も頻繁に提示されてきたものである。かくして三つの説明を論駁し終えた後、エラスムスは未来へと目を転じている。永久平和は可能であるけれども、それを実現させるためには大きな変化が必要である。平和は、宗教的権威や政治的権威によって単純に授けられることのできるものではなく、また、条約や同盟を結ぶだけで簡単に命じられることのできるものでもない。そうではなく、それは社会のあらゆるレベルにおいて取り組まれるべきものである。国王は、自分の国の市民の幸福のために他国の国王とともに活動し、どんな戦争を企てるにしても、その前にそれについて市民に諮るのでなければならない。そして、市民は国王に対し、「公益に見合うだけの、かつ、それ以上ではない特権や大権」を認めなければならない[10]。エラスムスは、国王が民衆を犠牲にし、搾取的で残虐な企てを行うことに対して批判するのをけっしてやめなかったが、ここでは、民主的な同意によって制限される代替的な政府のあり方を示唆している——彼の時代にこうした構想を描くのは困難であり、その進展を図ることは誰にとっても危険であった——。さらに、各国が国際的な調停裁判所に従属することによって、多くの戦争の危険を回避できるようになるのであり、また、必要とあらば、それ以上の戦争を防ぐために平和をお金で買うことができるようにすべきである、としている。

同様に、司教や司祭も戦争に対抗して協力しあうのでなければならない。また、自分の仕えている国王や教皇が企てるあらゆる戦争に対し、正戦論に訴えて口実を与えるようなことをしてはならない。貴族階級に属する者やすべての為政者たちも、協働して平和のための活動に従事しなければならない。これらのどのグループに対しても、また、「自らをキリスト教徒と称するすべての者」に対しても、エラスムスは次のように訴えかける。「戦争の全廃と、普遍的な永遠平和に向け、心と魂を一つにせよ」[11]。しかし、エラスムスはキリスト教徒という枠をも超えていく。そして、自分たちはけっきょく同じ人類の仲間であり、生き残るために必要となる最も基本的な要求と価値を共有しているのだ、とひとびとが思い起こすことによって、初めて、異なる信仰と信仰の間の、あるいは、異なる民族と民族の間の敵対心を和らげることができるのだ、と示唆しようとしている。「祖国という名前が、祖国を同じくするひとびとの間の絆を生み出すような本性のものであるとするなら、なぜ人間は、この全世界が皆の祖国となるべきだと決意しないのか」[12]。

エラスムスは、この後彼に残された数十年の人生の間、世界が反対の方向へ容赦なく向かっていくのを目の当たりにした。征服戦争が次から次へと続き、宗教やイデオロギーによる迫害が広まり、さらには、後に三十年戦争にまで発展する宗教上の争いが激化していった。戦争と平和に関するエラスムスの数々の著作は、何度も再版を重ねはしたものの、多くの地域では支持を得られなかった。反宗教改革の時期には、異端的であるとしてその多くが燃やされたり禁じられたりした[13]。どの主義主張を信奉する活動家にとっても、調停をはじめ、争いを解決するその他の平和的手段に訴えようとする彼の主張は、臆病や優柔不断を是認するものと思われた。やがて彼の著述は批判され、時には法的に禁止されることもあった。その結果、彼の提起した見解の深さと視野は、永遠平和を主張したその後の思想家たちによってさえ、あまりにも頻繁に無視されることとなった。そうした思想家たちはエラスムスと異なり、永久平和を獲得するためにもっぱら外交的方法のみを強調した。例えば、一七一二年にはアベ・ド・サン＝ピエールが、共通の法の下でのヨーロッパ恒久同盟の締結を提起している[14]。今日でも、戦争と平和の問題を扱ったテクストの大部分が、仮にエラスムスについて言及していても、ほんのついでに触れる程度にしか取り上げていない。

カント

戦争、緊張を強いる不断の軍備、そして、その結果、平和のうちにある時でさえ、どの国家もけっきょくはどこかで感じていなければならない窮迫——自然はこれらによって、諸国家が初めのうちは不完全な試みを繰り返しながらも、最後には、次のような方向へと進んでいくよう後押しする。すなわち、多くの荒廃、激変、国力の徹底的な内的疲弊といった辛酸を嘗めつくしたあとで、国家がこれほど多くの悲惨な経験をせずとも理性によって提起されえたであろう一歩を踏み出して、無法な自然状態を放棄し、国際的な連合を結成するよう後押しするのである。この連合においては、ごく小さな国家も含め、どんな国家でも、その安全と権利を得ることを期待できるだろう。

イマヌエル・カント「世界市民的見地における普遍史の理念」

カントは一七九五年に、「普遍史」についての論文など、それ以前のいくつかの論文をもとにまとめた『永遠平和のために』を出版した。それにより、個人と体制の変化が、永久平和に達するためにあらかじめ必要な条件として、再び公の議論に持ち込まれることとなった(15)。カントはエラスムスと同じく、これまで戦争は人間の条件に絶えずつきまとう因子であったけれども、永久平和の状態は十分に達成可能である、と論じている。しかし、カントによれば、そうした平和を獲得するのにはエラスムスがかつて認めた以上に大きな障害がある。

カントはまず、国際関係を無秩序なものと捉えるホッブズと見解を同じくする。市民社会の内部は少なくとも政府の拘束によって統制されているとしても、国どうしはお互いに「無法な自然状態」のうちにあり、そこでは「人間本性の堕落があからさまに示されている」(16)。カントは、戦争は歴史を通じて重要な目的に適うものだったのであり、本来そうした目的のためのものでさえあった可能性がきわめて高い、と主張するひとびとに長らく同意してきており、この点でエラスムスとは異なっている。カントの見解によると、人間は、競争によって与えられる刺激、力への抑え難い欲求、闘争といったものがなければ、自分たちの才能や技術を動物の段階をはるかに超えて発展させることはけっしてできなかったかもしれない。しかし、戦争はますます破壊的になっている。その破壊の度合いがいっそう強められ、壊滅的な打撃を与える戦争によってもたらされるのは、「人類の巨大な墓場の上においてのみの永遠平和」であるということになりかねない(17)。よって、諸国は自然状態から脱するか、さもなければ、絶滅してしまうのか、いずれかを選択すべき時が来た、というのである。

カントが多数派のテーゼを主張するひとびとに譲歩していることはさておき、彼は、そうした変化がもたらされる可能性についてどのように捉えているだろうか。彼はまず、自然がそうした変化を人類にもたらそうとした、という希望を抱く根拠について考察している。私たちはこのことを証明できないし、それを推論することさえ難しい。しかし、それは、「空しい妄想《キマイラ》以上のもの」である(18)。どのひとの人生も短く完全ではない。けれども、人間は経験を伝えることによって、最終的には十分な程度にまで理性を獲得し、自分自身のためにはもちろん子孫のためにも、協力して安全を勝ち取る能力を得ることができるかもしれない。そして、人間はそのような能力を与えられているのだから、変わることができるのは明らかである。というのも、人間は、悪や戦争を引き起こす傾向を示してはいるものの、善を行う性向もまた持ち合わせているのだから。カントは以上のように認めている。人間は、正しいと認識するものに従って行動したり、自分たちの生活を異なった方向へ導いたりするよう選択する自由をいつでも与えられている。平和は、ひとりでにやっては来ないだろうし、人間の善が供給過剰となることで実現されるなどというものでもなかろうが、それを構築し、選択することはできる、というのである。

しかし、平和を実現させるためには、しばしば主張されるような断片的な改良ではとうてい間に合わない。アベ・ド・サン゠ピエールが提案したような計画は、無謀で空想的だと批判された。カントによれば、その原因の一端は、必要な変化はすぐにでも起こるのであり、それを起こすのはたやすく苦もないことである、とそれらの計画の提案者が当然のごとくに見なしたことにある。反対に、変化はゆっくり起こるだろうということ、また、国内社会と国際社会双方のあらゆるレベルでの改良が必要となるであろうこと、そして、まずは実態を把握し、交渉が行われるまさにその雰囲気を変化させるのでなければ、そうした改良は何度も繰り返し失敗することになるだろうこと等々を認識した上で、初めて現実主義的アプローチが可能になる。

こうした認識に基づき、カントは、より大規模な制度上の改良に向けた世論の動向を準備しようとして、『永遠平和のために』では一連の「予備条項」を提示することから始めている。それら予備条項の中で取り上げられているのは、要となる協力をすべて妨げる不信をただちに減じるために、政府がどのような手段を講じることができるかという問題である。まずは、将来の戦争に関する内密の留保をつけ加えることなく和平の合意について交渉すること。次に、他国の問題に武力で干渉するのをやめること。そして、たとえ戦争中であっても、カントが「不名誉な策略」と呼んだもの、すなわち、合意や条約を反故にしたり、暗殺者を雇ったり、互いの国家内部で反逆を煽動したりすることなどをやめること。以上の条件を各国政府が満たすことができるなら、その場合、各国政府は少なくとも和平交渉への雰囲気を損なうことはなくなるだろう[19]。

カントは、国の内部だけでなく、国どうしでの基本的な道徳的抑制——暴力、欺瞞、信頼の反故、過度の秘密主義等々に対する抑制——を強調しているが、それは、これらの抑制が実施されるだけで、永久平和を保障するのに必要なものがすべて与えられるだろう、と言おうとしてのことではない[20]。彼はただ、それらの抑制が考慮されないかぎり、そうした平和を構築するいかなる機会もありえないと主張したのである。カントに先立ちホッブズが指摘していたように、不信は、協力しようとする意気込みを挫く。だとすれば、永久平和がこれまでずっと実現できないものであったとしても不思議ではない。なぜなら、不信を減じるべき理由について丹念に取り上げられたことはこれまでなかったのだから。カントはこのように論じている。とは言え、カントの見解によれば、ひとたびそれらの抑制が深刻に受け止められ、さらに、集団が長期にわたって生き残るためにはそれらの抑制が不可欠であることが明らかにされるなら、平和が人類の手に入ることはないと考える必要はなくなる。

カントは、永遠平和を国と国の間において確立するために必要なものとして、制度上の改良を可能にする世論の動向を創出することと併せ、次の三つの「確定条項」も挙げている。その第一において要求されるのは、どの国家も、法の前で平等である自由な市民の選出する代議制に基づいた政治体制を次々と有するようになる、そういう世界をやがては実現させることである。そうした形態の政体ならば、いかなる事情による戦争であれ、それを減らすために多くのことをするだろう。というのも、市民は、戦争のために自分たちが代価を払ったり戦ったりしなければならなくなるであろうことを知っており、彼ら市民に税金を課し、安全な所から命令を下す独裁的指導者に比べ、戦争を起こすことに対してずっと冷めているものだからである。だが、もちろんそうした代議制を採る国家の市民でも、巧みな宣伝活動によって征服戦争を起こすことを認めるよう説得されることはありうる。よって、さらに国際的な基準が必要となる。カントの提起した第二条項では、複数の国家が一つにまとまって、正義ある平和を維持することのできるような一つの連合を形成することが要求される。そして、第三条項で要求されるのは、それらの国家を訪れるひとや部外者の人権を尊重すること、例えば、それらのひとびとを奴隷にしたり征服したりすることのないようにすることである。

カントが、永久平和をもたらすものとして代議制による政府の広まりと国際的な連合について語ったのは一七九五年のことであり、空想主義者《ユートピアン》であると考えられたのももっともである。というのも、当時、そうした統治の確固とした形態をもっていると主張できたのは、建国間もないアメリカ共和国のみという状況だったからである。また、奴隷制や帝国主義的征服などの慣行がごく一般的であったこの時代に、「人間の普遍的権利」を持ち出してそれらを糾弾することができたのも、アメリカぐらいのものであった。しかし、カントは、そうした考えが「空想的でも誇張されたものでも」ないと主張した。「こうした条件の下でのみ、私たちは永遠平和へ向かって絶えず進んでいると自負できるのだ」[21]。

核時代における永遠平和への見通し

私たちの未来はあなた方の手に委ねられているのです。苦しんでいるひとびとが正義ある永久平和を勝ち取ることができるかどうかは、この会議であなた方が行う努力にかかっているのです。

一九四五年四月二三日にサンフランシスコで開催された国際連合の会議の開会セッションにおける、ハリー・S・トルーマン大統領による委任演説から[二一]

一九五三年にドゥワイト・D・アイゼンハワーは、「一九四五年の希望に満ちたあの春」以後に冷戦がもたらした変化について語った。当時、「すべての正しいひとびとが……正義ある永久平和への希望を抱いていた。あれから八年が過ぎ、そうした希望は揺らめき、ほの暗くなって、ほとんど死にかけている。そして、恐怖の影が、再び世界中を暗く覆ってしまった[22]」。

アイゼンハワーの演説の後、三十五年にわたって恐怖の影は伸び続けた。列強諸国は、かつてないほどに破壊的な能力をもった膨大な量の核兵器の備蓄を増やし、さらに多くの国々がこれに倣おうと準備を整えた。壊滅的な打撃を与える戦争によって、人類の巨大な墓場の上に永遠平和がもたらされることになるかもしれないというカントの警告は、核の時代に入り数十年を経て、カントが予想だにできなかったほどにまで現実味を帯びるに至った。

そうした見通しへの全面的な恐怖から、戦争に対する姿勢は決定的に変化した。世界の指導者たちが永久平和を達成することについて語ったり、再び大きな戦争を偶発的にせよ引き起こすことを避けるためにあらゆる努力をすると語ったりするのは、ありふれた光景となった。同様に、戦争と平和についての三つの主要な思想的伝統においても再編が生じた。すなわち、現実主義者、正戦論者、平和主義者は、互いにいっそう接近し、さらには、道徳上の考察と戦略上の考察とを併せもつ永遠平和という態度へも――多くの場合それとは知らずに――近づいている。これは、第四の伝統を形成していた思想家たちが採った、原理的ではあるが実践的でもある態度である。

すでに十九世紀には、多くの平和主義者が永遠平和主義の言語を採用しており、永久平和を実現するための条件を強化する段階的努力を強調し、国際的な組織への支援を主張している。例えば、一八一六年にイギリスのクェーカー教徒は、「普遍的な恒久平和を促進するための会」を設立した。[23] しかし、他の平和主義者たちと同じく彼らクェーカー教徒の間でも、あらゆる戦争において完全な無抵抗を支持するのか、それとも、自衛のためであることが明らかで、かつ、他のあらゆる方法が失敗した場合には抵抗を認めるのか、という点については見解が一致しなかった。こうした見解の不一致は、現代の平和主義者たちの間にも依然根強く残っている。トルストイをはじめ、かつては多くの平和主義者が単独的な非武装に賛同し、また、厳密に防衛的性格のものも含めたあらゆる軍事活動への非協力に賛成する立場を採った。しかし、そうしたひとびとも、核兵器に関してそうした態度をとるのは、人類にもたらされる危険の度合いを軽減するどころか、かえって増大させることになるかもしれない、ということを考慮しなければならなくなってきた。「万一地球が消滅するとしても、正しいことをせよ」というスローガンは、ヒロシマとナガサキ以来まったく新たな、そして、より文字通りの意味をもつようになっている。[24]現代の平和運動で活動するひとびとのうちのほんの少数が、そのような絶対的な立場を貫いている。しかし、いずれの立場を採るにせよ、核兵器によって全人類の生存が脅威に曝されるに至ったことで、そうした平和運動の活動家の多くが、武器体系や政府の軍事戦略に敏感に注意を向けるようになった。時には、彼らの調査結果や主張が、あたかも鏡に映るごとく彼らの反対派の優先事項に反映されることもある。さらに、根底にある道徳的議論が、暴力と非暴力をめぐる問題の中心を占めるようになった。しかし、永久平和を実現する機会が与えられるかどうかは、個人的な方針、国内政策、国際政策等々の複合的な連関に左右されるものであることが、冷戦の終結とともに明らかになった。また、より包括的な道徳的枠組みが必要であることも明らかとなり、その枠組みの中では非暴力が、唯一ではないにせよ中心的な役割を果たすことになるであろう。フィリピン、旧東ドイツ、旧チェコスロヴァキア、ハンガリーでは、「民衆の力」が、堅固に武装した政府軍をものともせず勝利を収めうることを証明した。ヴァーツラフ・ハヴェルが長きにわたって多大な個人的リスクを犯してまで主張し続けているように、「真理のうちに生きる」ために戦う市民は、非暴力的手段によって独裁政権を打倒できる。[25]

現実主義者もまた、その拠って立つ路線が実践的と理論的のいずれの傾向にあるかに関係なく、核による脅威の前に、自分たちの最も根本的な仮定について再考を迫られることとなった。かつて、この立場を採るひとの多くは、もっぱら国内の自己利害だけが対外政策を規定すべきであって、他の国々にとって何が望ましいのかということはまったく別の問題であり、さらに、道徳は国際関係においては二の次である、と論じていた。現在までのところ、前者の議論は大幅に修正され、後者の議論は破棄された。それは以下の理由による。第一に、今や国内の自己利害は、広範囲にわたる国際的な安全保障への関心を明確に必要とする。そして、国際的な安全保障そのものは、世界中の飢餓、森林破壊、地域紛争、人口増加といった様々な要因によって影響を受ける。それゆえ、厳密に戦略的観点から見ても、それらの要因に配慮することが重要である。

第二に、そうした配慮は、道徳的主張、例えば、根本的な人権に関わるような主張の果たす役割に対して注意を払うことを余儀なくさせる。かつては、ほとんどの国における政治的な現実を鑑みるなら、国外の人権に関心を寄せるのは感傷的であるにすぎず、また、主権国家への干渉を行うこととなり、そうした努力は逆効果をもたらすおそれがあるとして、多くの現実主義者によって斥けられた。しかし、政治権力が人権を必要とし、その必要性が他国との関係にとっても重要であることはもはや否定しえない。環境戦略や核戦略の問題をめぐって政府側が活動するか否かということについても同様である。それゆえ、「国家の行動は道徳判断の適切な対象である」という仮定に反対する議論を長らく行っているジョージ・ケナンが、核兵器に関してはそうした道徳判断をためらうことなく表明するのも、驚くには当たらない。彼はその著『核の迷妄』で、他のひとびとに対して核兵器を使用し、あらゆる文明を危機に陥れるような態勢を整えることに反対した。そして、エラスムスなら同調したであろう調子で、それは冒瀆であり、「尊厳をとてつもないほどに傷つけるもの」である、と強く主張している。[26]

現代の正戦論者は、現実主義的伝統に立つひとびととは異なり、一貫して戦争と平和という文脈で道徳的主張を掲げてきた。もし、核による恐怖の均衡が強まり、そうした正戦論の立場を採るひとの見解においてもエラスムスやカントが論じた方向への変化が促進されるなら、正義の戦争と見なされるものの範囲が狭められることとなる。多くの戦争について、それらが正義という大義名分に資するであろうと捉えるのはいっそう困難になった。アウグスティヌスやトマス・アクィナスは悪に報いるための特定の戦争に賛成する議論を行ったが、アメリカのカトリック司教団は一九八三年に次のように述べている。「たとえ天罰としての戦争が常に正当化されうるものであったとしても、近代的な戦争のもつ危険性の度合いは、今日そうした主張を打ち消すものである」。彼らは、正義の戦争という立場について改めて声明を発表し、厳密に自衛のためか、もしくは、攻撃に曝されている他のひとびとを防衛するための戦争、および、最後の手段としての戦争を除き、現代の世界におけるほぼすべての戦争を不正義であるとして斥けた。さらに、エラスムスやカントと同じく、世界の希少な資源を大量に軍備に振り当てるのは、政府によるとほうもない不正義であることを強調し、それを「貧困層への不当な攻撃」と呼んでいる。(27)

V・I・レーニンや毛沢東は、戦争がいかなる場合に正義となるのかを主張するために、以上の立場とはまったく異なった基準を練り上げた。しかし、マルクス主義者も、レーニンや毛沢東による基準の適用範囲を狭めるようになっている。レーニンは、賃金労働者や、奴隷にされたり入植させられたりしたひとびとが抑圧者に対して引き起こす戦争は、十分に合法的で、進歩をもたらすものであり、必要である、と主張した。「誰であれ、民主的な永久平和を望む者は、政府や有産階級に対して市民戦争を起こすために立ち上がらねばならない」(28)。同じく毛沢東も、正義の戦争と唯一言えるのは、略奪ではなく解放の戦争である、と論じている。「共産主義者は、解放のための正義ある非‐略奪戦争をすべて支援し、闘争の最前線に立つだろう」(29)。しかしながら、局地的な戦争をあおることによって実際に正義が促進された、と主張するのは徐々に難しくなっている。さらに、永久平和は必ずそうした戦争からもたらされるという信念は、多くの献身的マルクス主義者の間でさえ揺らいでいる。同様に、道徳的主張を――特に、正義と権利に関して――「観念論的ナンセンス」としたマルクスの非難は、過去のみならず現在の共産主義世界の多くで激しく拒絶されることとなった[30]。

以上の変化すべてに照らして考えるなら、カントの試論『永遠平和のために』は再読に値する。その出版からほぼ二世紀が経った今、平和がもたらされる可能性を人権の尊重と結びつけて考えることには無理がある、とか、空想的である、とはもはや思われない。また、代議制の形態をとる政府によって人権が守られている国どうしの協力が進展しつつある中、そうした協力に平和の可能性を結びつけて考えることについても同様であって、それはもはや無理でも空想的でもない。さらに、かつては厳密に規範的な主張に基づく立場を採っていた多くのひとも、自分たちの選択が戦略上の現実によって影響を受けると認めざるをえなくなった。これは、かつて、根本的な道徳的主張を無関係であるとして拒絶したり、時期尚早であるとして先延ばしにしたりしていた現代の思想家たちが、そうした主張を厳密に現実主義的根拠に基づいて考慮せざるをえなくなったのとまさに同じである。たしかに、永久平和という目標を達成するのは依然として困難だと思われる。そればかりか、永久平和というこの目標はまた、民族対立や人道的危機の悪化により、一九九〇年代初頭においてさえまだ十分には理解されていなかったあり方で脅威に曝されているようにも思われる。しかし、明らかなのは、各国の政府、政策アドバイザー、理論家らが、この目標をめざして進んでいこうと努力しないのは、もはや戦略的見地からも道徳的見地からも理解できない、ということである。

永久平和という目標は、永遠平和主義の思想家たちによって最初に提唱された時にははなはだ空想的だと思われた。けれども、少なくともその目標のために戦う価値はあると見なして真剣に取り組むひとの数は、今日に至るまでに確実に増大しつつある。だとすれば、それに近づくためにそれらの思想家たちが提起した方法についても、等しく真剣に受け止めるだけの理由があると言えるだろう。たしかに、彼ら永遠平和主義の思想家たちは、現代の兵器によって要求される交渉の種類や国際的な提携の種類も、また、人類に対する現在の社会的脅威や環境上の脅威も予測できなかった。今日では、そうした提携や脅威が進展したり悪化したりしたために、数世紀前には誰も予見できなかった複合的な対処が要求されるようになっている。しかし、十分な程度の協力が可能かどうかを決定するという、世論の動向の果たす重要な役割について調査する場合や、そうした世論の動向が悪化することのないよう、社会のあらゆるレベルで必要とされる道徳的抑制の枠組みを強化したり構築したりする手立てが問題となる場合に、永遠平和主義の思想はいっそう役立つかもしれない。

二十世紀には、世論の動向を重視することによって変化を起こすという新たな戦略が発展してきた。例えば、抑圧に対する非暴力的な抵抗の伝統が、インドのモーハンダース・ガンディーに始まり、マーティン・ルーサー・キング・ジュニアの指導に基づく合衆国での公民権闘争に受け継がれ、韓国、チリ、旧東ドイツといった様々な国における政治的変化に影響を及ぼしてきた。私たちは、さらに顕著な対比を目の当たりにしている。平和的な変化が東欧諸国において次々と驚嘆すべき成功を収めたのに対し、アンゴラ、ボスニアをはじめとする多くの国では、戦いがほぼ絶え間なく続き、さらなる被害がもたらされる一方である。非暴力的な抵抗は人権をより尊重したものであって、その参加者に残虐行為が加えられたり、参加者を腐敗させたりすることは比較的少ないであろうことを、誰も疑わなくなった。そうした抵抗は、現代的コミュニケーション手段のおかげで、より迅速で、かつ、より広範囲に及ぶ結果をもたらすようになっていることや、戦略的、道徳的いずれの観点からも、そうした抵抗の方が有利であるということが、ますます明らかとなりつつある。闘争終結後には、何としてでも協力体制の構築が必要とされるが、世論の動向が防衛重視の傾向をさらに強めることで、その実現もいっそう容易となる。

そうした運動を勝利へと導いた者が統治においても成功できるとはかぎらないし、非暴力的手段によって達成された変化が再び暴力に屈しないと保証するものも何もない。また、非暴力的抵抗による努力がすべて成功するわけでもないことは、天安門事件をはじめ、きわめて多くの例によって示されている。たしかに、非暴力的な抵抗の努力は鎮圧されることもある。しかし、何年も闘争を続けたポーランドの連帯のように、非暴力的な運動の方が、暴力的な蜂起に訴えた集団に比べ、最終的な成功を勝ち取れる可能性が高い。

だからといって、国内の変化や国際的変化に向け、原理に則った非暴力的努力の過程を積み重ねていけば、戦争は常に私たちとともにあるとした古い時代の仮定は間違っていた、と最終的に証明できるのか。これについては、時間が経ってみなければわからない。エラスムス、カントをはじめとする思想家たちが提唱した多くのこと、例えば、戦争を起こすべきか否かについて市民に発言権を与えること、国際的な会談や連合を呼びかけること、論争を調停に持ち込むことなどは、当時はほとんど不可能——まさに空想的《ユートピアン》——だと思われたに違いない。しかし、ユートピアという語は二つの意味をもっている。一つは、可能だけれども今のところたんなる幻想にすぎないような素晴らしい場所や社会を指す。今一つは、そうではなく、現実に目を向けない理想主義者によって提唱される、達成不可能な社会のことである。人間は永久に続く世界平和を確立できると論じたエラスムスやカントは、第一の意味ではまさしく空想主義者《ユートピアン》であっただろう。しかし、彼らは第二の意味でも空想主義者《ユートピアン》であったとする主張が誤っていることを証明しようとしないなら、私たちはすべてを失ってしまうだろう。

第五章　人道的緊急事態——誰の権利か、誰の責任か

人類は、人種差別や戦争という、星一つない真夜中に囚われており、その呪縛が悲劇的なまでに強いので、平和や兄弟愛の輝く夜明けはけっして現実のものとなりえないのだ、という見解を受け入れることを私は拒否します。そしてまた、諸国は次から次へと軍事の螺旋階段を下へ辿り、核による破壊地獄へ堕ちていかねばならないのだ、と嘲け笑うかのごとき見解を受け入れることも私は拒否します。私たちは今日、迫撃砲の爆発を目の当たりにし、巷では弾丸が甲高い音とともに飛び交っています。そうした状況のまっただなかに置かれていてもなお、より輝かしい明日への希望がまだあると私は信じています。傷だらけの正義は、多くの国の血塗られた通りの上に叩きのめされて横たわっています。けれども、それを恥の埃から立ち上がらせ、人の子らの世界に君臨させることができる、と私は信じています。

マーティン・ルーサー・キング・ジュニア(1)

一九六四年一二月に行われたノーベル平和賞受賞記念講演から

かつて、アメリカ合衆国のアラバマ州バーミンガム〔かつてアメリカで最も人種差別の激しい地域とされていた。一九五〇—六〇年代にかけて、アメリカ公民権運動の舞台となった〕や、南アフリカ共和国のソウェト〔South-Western Townships の略。南アフリカ最大の黒人居住区〕といったいくつもの都市で、暴力と不正義が蔓延していた。演説の中でキング牧師は、そうした暴力や不正義には終わりが来る、という希望を恐れることなく表明した。彼はまた、全人類の頭上には、核兵器による恐怖の均衡のもたらした脅威が覆い被さっているが、それすらひっくり返すことができるのだ、という希望まで語っている。傷だらけの正義について語った彼の言葉は、今日見られる新たな危機にも当てはまる。それらの危機はあまりに夥しく、その上、悲痛なまでに揺ぎないものとなっているので、多くのひとが、平和への帰還を為し遂げるという希望を失っている。ルワンダやボスニアで見られたような地域紛争により、悲惨な人道的緊急事態が引き起こされ、その数と範囲はともに増大している。そうした状況は、ポスト冷戦時代における人間の安全保障と永久平和に向けられた最も直接的な脅威を象徴するものであり、解決は困難であるかに見える。

冷戦時代の終わりを迎え、ようやく社会は、全世界的に直面していた大規模で長期にわたるいくつもの難問にいっそう精力的に取り組む機会を得た。しかし、現実にはそうはならず、増大しつつある人道的緊急事態に様々な資源を振り向けねばならなくなるだろうとの見通しは立てられなかった。一九九五年の時点で国連はそうした危機を二十六ほど計上したが、それは、一九七八年から八五年までの間に進行していたものの五倍にも上る(2)。難民、および、住地の国内での移動を迫られたひとびと（故郷からは逃れたものの、故国に留まっているひとびと）の数は、第二次世界大戦以降見られることがなかったほどの水準にまで達している。戦闘に加わるひとが手にできる兵器類は、多くの場合冷戦期の外交戦略の一環として、東側と西側を問わず様々な国から供給されたものである。それらの兵器によってきわめて多数の民間人が危険に晒されており、その中には救助活動に携わるひとびとも含まれる。戦争で破壊された多くの地域では、地上兵員を殺傷する破壊力を備えた一億個以上もの地雷が、野原や道端、墓地、学校の校庭にまで埋設されており、復興努力をよりいっそう危険なものにし、その費用を押し上げている。

結果としてもたらされる被害の様子は、衛星放送によるテレビ映像のおかげで、かつては不可能だったほどの速さで瞬時に世界中の家庭に伝えられるようになった。そして、民間人という「安全な聖域」に向けられた砲撃や、虐待と強姦、飢餓や民族浄化による犠牲等々についてのニュース速報を前に、人権をさらに広範囲にまで拡張すると高らかに宣言する声が反響する。しかし、その一方で、道徳的言辞と、ひとびとの置かれている現実との乖離は増大するばかりである。そうした報道に従事するレポーターやカメラマンが、自分たちの目の当たりにする恐怖をいっそうの現実感をもって伝えようと苦心していることも良くわかる。だが、それらの報道によってもたらされる効果が積み重なって、マスメディアには耐え難いほどの苦しみのクローズアップが氾濫することとなり、今度は、世界中の公衆の間で罪悪感に駆られた同情と「同情疲れ」との格差が押し広げられるに至っている。

そうした状況を踏まえれば、人道的緊急事態にどう対処すべきかをめぐり、国際社会で多くのひとびととの間に困惑が生じているとしても、驚くには当たらない。込み入った背景をもつ人権侵害に対抗する責任や、打ちひしがれたひとびとが生き残るために必要となるものへの対処に当たる責任を誰が担うべきなのか。この問題は、真剣に議論されるようになったばかりである。また、支援を行おうとしながら、善よりもかえって害をもたらしてしまう危険性はいかなる場合に生じるのか。昔から見られるこの問題についても、議論は始まったばかりである。この古典的な問題は、現代的な装いの下では、緊急事態によって最も鮮明に浮き彫りにされる。それはまた、今述べたような責任を、時に多大なる個人的犠牲を払いながら担ってきたひとびとが直面してきた問題でもある。ここでこれらの問題を考察するにあたって、まず、複合的緊急事態の根底にある概念的および道徳的諸相のいくつかについて論じ、次いで、そこから権利と責任に関して示される実践的な選択をいくつか取り上げる。

複合的、および、緊急事態、という用語について

世界中で増大しつつある複合的《コンプレックス》緊急事態にどう対処すべきか。この問題を前に困惑が生じる一つの原因として、複合的緊急事態、人道的緊急事態といった表現に含まれる、事実的な構成要素と道徳的な構成要素を分類して検討することに失敗していることが挙げられる。これらの語は正確には何を意味するのか。ある特定の集団的惨禍が複合的だと言われるのはいかなる意味においてか。そうした集団的惨禍がひとたび緊急事態だと認定された場合、同じようにひとびとの上に降りかかった、長期的で復興の見込みのない災厄とは一体どこが異なるのか。複合的緊急事態、人道的緊急事態といったこれらの表現が含意するのは、多くの要因が作用しあうことにより、紛争、被害、破壊の増悪がもたらされているような危機である。国連がこれらの表現を定式化したのは一九九〇年代初頭のことであり、すでに援助機関やメディアの間では一般的用語として浸透している。近年の定義によると、「複合的緊急事態とは、

内紛が、ひとびとの大規模な移動や集団的飢餓、さらには、脆弱な、ないし、破綻した経済的、政治的、社会的制度と結びついたものである。複合的緊急事態は、自然災害や、深刻なまでに不十分な輸送手段網によって激化させられることもある[3]」。

複合的緊急事態、もしくは、複合的災害の定義には、以下のような要因が含まれることも多い。すなわち、人権侵害や、心理社会的トラウマ、さらに、救助活動従事者や人権監視団および平和維持軍等の活動に伴う危険、あるいは、民族間の緊張、そして、物的インフラの破壊などである。こうした危機を特徴づけようとする試みはどれも、非明示的にであれ明示的にであれ、人間が生き残ることを妨げる強大な脅威——ある解説者はそのような脅威を、「飢え、経済的破綻、内戦、崩壊した政治権威の、致命的な結合」と呼んでいる[4]——を対象とする。

それゆえ、複合的緊急事態という表現は、今日の様々な危機に付されたたんなる呼称ではない。この語が指示しているのは、様々な原因、ひとびとのニーズ、可能な救済策といったものすべてをひとかたまりにしたものである。この表現は、さしあたっての実践上の観点からすると中立的で何ら非難めいた響きをもたない言葉である。したがって、この表現を用いることで、安全な通行や安全な避難所をめぐって、障壁となっている政府や戦争状態にあるグループとの交渉が容易になることもあろう。しかし、複合的緊急事態という表現は、他の多くの似たような抽象概念と同様に婉曲語法として働き、たとえその真意が本当に理解されたとしても、言語を絶するほどに非人道的な行状やほとんど耐え難いまでに厳然たる人間の苦しみに対し、部外者が冷めた関心しか持ち合わせなくなってしまうようしむけることもありうる。

複合的、緊急事態という用語は、それぞれ個別に見れば高度に抽象的かつ多層的であって、「複合的緊急事態」という概念をごく部分的にしか構成しないような多くの意味を伴っている。これら二つの語は、同時に用いられると、単独に用いられた場合には見られなかった特別な道徳的含意も帯びる。結合することによって生じるそうした意味と道徳的な含意が理解されないかぎりは、それは婉曲語法としての概念という用法に甘んじることになろう。あるいは、そこに、吟味されないままの道徳的前提が紛れ込んだり、責任、権利、責務についての結論が精査も議論もされずに読み込まれたりしてしまうのを容易にする。それゆえ、構成要素となっているこれら二つの語を個別に検討することが重要である。さらに、これら二つの語の間に押し込められて用いられることの多い人道的という語についても、併せて検討する。というのも、人道的というこの語は、人間の生存を脅かすほどの危機に対する私たちの反応を道徳的主張によってどのように喚起すべきか、というここでのテーマについてのより包括的な議論の背景を成すものだからである。

一　複合的　何らかのもの——分数、数、音楽のハーモニー、機械、文等々——が複合的《コンプレックス》であるのは、当該のものを構成する各部分が、一緒に結合されたり織り合わされたりしていることによる。[5] この意味では、石が積み上げられてできた山は、その山の部分を構成している石がどれほど多いとしても複合的ではないし、反対に、どんなに単純な有機生命体であれ、アメーバの段階にあるものでなければ複合的である。複雑系《コンプレクシティー》理論では、他の様々なテーマに加え、人体や制度といった複雑《コンプレックス》な適応系についても研究が行われている。複合的という語が関連する別の意味としては、例えば、複雑《コンプレックス》な論理的問題や工学的設備に見られるような、論点を明確にしたり分析したりすることの困難なものなどがある。これらの事例のいずれにおいても、複合的というこの語は、元来、正義と不正義、善と悪に関わるような道徳的含意をまったくもたない。

地震や洪水その他の自然災害は、相互に作用する複数の要因を呈するものであり、また、犠牲者と救助員の双方が耐え難いほどに困難な選択を突きつけられるという面からも、きわめて複合的であることが多い。しかし、そうした自然災害は、結果として引き起こされる危機的状況が、人間の行動によっていっそう深刻なものになっているのでなければ、「複合的緊急事態」と分類されることはない。例えば、一九八八年にアルメニアで起きた地震後の内戦は、地震による犠牲者の被害を増大させ、救援活動をいっそう困難にした。この時の危機は、今なら複合的緊急事態と見なされるだろうが、一九九〇年のフィリピン地震や、一九九三年のロサンジェルス地震はそうではない。

自然災害と複合的緊急事態によってもたらされる初期段階の映像は、時に部外者が両者を区別できないほど似通っている。例えば、一九九五年一月第三週の一週間、報道番組が二つの恐ろしい映像を伝えていた。一つは、建物が崩壊し、火災が制御できないまでに猛威を振るい、ひとびとは命からがら通りを逃げ惑い、子供たちが瓦礫の下から掘り起こされているといった惨状を伝えるもの——これは、日本の神戸で起きた大震災後の映像——である。そして、もう一つはチェチェンの首都グロズヌイでのロシア軍による襲撃の結果である。日本の地震それ自体は非常に複合的である。というのも、多くの要因がこの災害を悪化させ、救援活動を困難にしたからである。しかし、誰もそれを複合的緊急事態とは呼ばなかった。援助活動に携わるひとびとに対する攻撃の危険もなく、国の内外から寄せられた援助はよどみなく進み、当局と住民が一体となって、閉じ込められたひとびとの救出や再建活動に当たっていた。

一方、破壊されたグロズヌイの民間人住民の受けた被害は、人類同胞のせいで大いにその程度を悪化させられた。市の十二の病院は破壊され、援助活動に携わるひとびとは著しい危険に晒された。このように、人類によってもたらされ長期化した惨禍には、複合性のもつ倫理的な諸次元が初めから伴っている。すなわち、他人をどのように扱うのか、および、その扱いにおいて何が正しく何が誤っているのかといったことについての、最も基本的な種類の道徳的な選択に関わる諸次元が伴うのである。

複合的緊急事態に伴う複合性のこうした道徳的側面は、緊急事態を引き起こした原因とそれらを回復させる努力の両方に結びついている。そうした危機の状態が自然災害によってもたらされたものか否かに関係なく、政治的抑圧、内戦、外部からの経済圧力といった人為的企ては、それら危機的状況に直接影響を及ぼす。ソマリアでは抗争しあう諸勢力が、また、スーダンやイラクでは政府が、飢饉や住民の移動、伝染病の状況を悪化させただけでなく、援助の割り振りを妨害し、救援物資を横領した上、救助活動に携わるひとびとの生命をも脅かした。この場合、すでに起こっている緊急事態は複合的と特徴づけられることになる。

こうした危機は、援助努力がより危険で費用がかさむようになるその程度に従ってますます深刻化し、克服するのがいっそう困難になる。意図せざる原因と意図的な原因がどちらもそこに絡んでくる。すなわち、一方は、旱魃、飢饉、伝染病、人口過密といった、災害を自ずと引き起こす原因であり、他方は、行政当局、内戦に参加する各グループ、外国諸勢力等による意図的な干渉であり、これにさらに、犠牲者が自らの生き残りを図って行う努力や、部外者がそれら犠牲者を助けるために行う努力が付け加わる。

だからといって、緊急事態を引き起こす人為的原因と非人為的原因との間に常に絶対的な境界がありうるわけではない。飢饉は、典型的には管理の失敗や不均衡な配分によって生じる。また、砂漠と人口の密集した地域とでは、地震による影響はまったく異なってくる。しかし、ここでの文脈において複合的という語が示す区別は、何らかの緊急事態において、政府や抗争に加わる勢力が社会的破壊に直接手を貸しているのかいないのか、住民の生存を自発的に脅かしているのかいないのか、といったことに関わるものである。

したがって、複合的という語のこうした用法のもつ道徳的側面は、人間の活動のそれぞれについて、それが正しいと考えられるのか誤っていると考えられるのか、敬意を払われるべきなのか非難されるべきなのか、正義か不正義かということに関係してくる。住民の生存が問題となっている場合、そうした判断を避けることはできない。しかし、緊急事態を引き起こす原因の複合性によって、責任の所在についても同じように複合的になる。その結果、当該の争いに加わって敵対するどの立場の勢力も、自分たちの敵に対してはもとより、しばしば部外者にも非難の矛先を向ける。

十八世紀の哲学者デイヴィッド・ヒュームは、生存が甚だしく脅かされるような状況では、正義の確保すら不可能となるだろうと述べている(6)。彼は、そうした事態をもたらす自然による原因と人為的な原因の両方について指摘した。第一に、正義を期待しうるのは、自然によって引き起こされた窮乏と人間の失策のどちらも関連する中間的領域においてである。仮に、人間の生存を不可能にするような窮乏が起これば、正義を手に入れることも不可能となるだろう。反対に、人類にとって必要になると考えられるあらゆるものが有り余るほど豊富にあるなら、正義は不要である。第二に、正義が手の届くものであるだけでなく必要とされるものであるのは以下の場合、すなわち、人類が、正義に訴えることを無益にしてしまうほどに悪鬼のごとく悪しきものであったり、近視眼的で将来の結果を見通せないものであったりすることはないが、同時に、問題や諍いがけっして起こらないほど一様に寛容でも利他主義的でも先見性があるのでもない場合にのみ限られる、というのである。

ヒュームがこうした主張を述べた時代には、今日私たちが目の当たりにしているほど大規模な人為的原因による被害は想像だにできなかったことだろう。世界の人口は、まだ十億にも達していなかった。当時の軍事兵器にも被害をもたらす能力はあったが、現代の戦争による犠牲者の数と比べればごくささやかなものであった。また、ひとびとの生存を脅かす出来事がヨーロッパから遠く離れた土地で起きていても、それについての報告がヨーロッパの民衆に届くまでには相当の時間を要した。しかし、もしヒュームが一九九四―九五年にルワンダで起きたような複合的緊急事態を予見できていたなら、彼はそれを、人為的な力と自然の力が最も破壊的なレベルで混ざり合うことでどんな種類の正義の価値も損なわれてしまう状況の一例と見なしたことだろう。そうした状況下では、政治闘争は大量虐殺にまで発展し、さらに、飢えと水不足、伝染病、不作などを伴って、最初に殺戮による犠牲となったひとびとに加え、女性や子供、男性の区別なく、数百万にも上る民衆を脅かし、人道的救援を試みるひとびとにまで甚だしい危害を及ぼす。

けれども、ジュディス・シュクラーがその著『不正義の諸相』で指摘しているところによると、人為的に行われる不正義と、地震など、自然に起こる不幸とを区別するのは、部外者にとっては犠牲者に比べ容易である。「不幸と不正義の相違には、犠牲者のために行動するのかしないのか、非難するのか容認するのか、援助、斟酌、補償を行うのか、あるいは、ただ目を背けてしまうのかといった、私たちの意志と受容力とがしばしば含まれる」[7]。

複合的緊急事態という概念は、一九九〇年にシュクラーの著作が出版されるまでは一般的ではなかった。この概念はまた、特に部外者の視点から作られた概念でもある。緊急事態の犠牲者が経験するような惨禍のただなかにあるとは、人為的原因と非人為的原因との区別も、道徳的要因と非道徳的要因との区別もほとんど、もしくは、まったく役に立たないような状況に立たされているということである。

二　緊急事態　緊急事態とは、「生じたり起こったりしている危機。特に、予期せず生じた事態や、直ちに行動を起こすことが緊急に要請されるような事態」、あるいは、「きわめて危険で、その危険性が突然かつ予期せず拡大するような」事態として定義される[8]。けれども、「複合的緊急事態」と認定されるような、人間の生存を脅かす大規模で多次元的な脅威は、緊急事態についてのこれら辞書による定義に完全には合致しない。山崩れ、地震、洪水等は、そうした突然で予期しない形で生じるかもしれない。しかし、ルワンダの危機は、突然の暴力によって発生したものではあるけれども、予期されないものではなかった。さらに、ソマリアの内戦によってもたらされた飢饉は、数ヶ月が経つうちにしだいに予期されないものではなくなっていた。

しかし、これらの状況は、「行動を起こすことが緊急に要請される」緊急事態である。それゆえ、それらの状況は主に道徳的ないしは価値的な意味で、すなわち、何よりも優先されるべき深刻な状況として、緊急事態と見なされる。何らかの事態が複合的緊急事態である、とする主張は、当該の事態が、人間の必要とする他のどんなものにも優先されるべきであるような、ひとびとが絶望の淵に立たされ困窮している状況だと要請しているのである。それはちょうど、救急車が道路上で優先され、他の車両はそれを通過させるために道路の脇へ寄らなければならないのと同じである。援助を提供する各機関や各国によってどこか他の所に割り当てられていた基金は、少なくとも短期間で割り振りをやり直さねばならない。

したがって、緊急事態という語を使って資源の分配に関する優先順位を示すのは、非明示的な道徳上の主張を行っていることになる。もし、この語がそのように理解されなかったり評価されなかったりすれば、例えば以下のような問いかけを比較考量するという問題を見落としてしまうことになりかねない。すなわち、ある援助を行う際、なぜその援助を他でもないそのタイミングで行おうとするのか。他にも似たような難局に陥っている社会があるのに、なぜその社会にだけ援助を差し向けるのか。どの位その援助を続けるべきか、また、関係する諸費用は全部でどの位になるのか、等々。これらの問題を度外視し、何らかの危機を「緊急事態」とただ名づけることだけをもって、緊急にそこに援助を急ぐべきであるという決定の根拠とすべきではない。

複合的な危機のうちで緊急事態とされるものとされないものとの区別も、やはり被害者自身のパースペクティブからでなく、援助をいつどのように行うかを決めねばならない部外者のパースペクティブから為される。このことは、先に見た「複合的」な緊急事態とそうでない緊急事態との区別の場合と同じである。たとえ部外者の誰一人として犠牲者の窮状を知ることがなかったり、救助を行うまでに至らなかったりしたとしても、被害者にとっては生命に対するどんな脅威も緊急事態である。ひとびとの受けた深刻な被害の多くの事例は、ほとんど気づかれないまま、救援に駆けつけられることもなく過ぎ去ってしまう。あるいは、メディアに取り上げられる場合でも、報道される詳細さの程度によって、部外者の反応をほとんど喚起しないケースも多い。一九七〇年代のウガンダで行われたイディ・アミン大統領による恐怖政治では、三十万人以上ものひとびとが殺害されたのであり、現代の用語で言えば「複合的緊急事態」であっただろう。だが、当時の国際社会で、それが優先されるべき事態だという同意は得られただろうか。また、緊急事態というこの表現は、ナチスによるホロコーストに対してはどのように適用されただろうか。あるいは、試算によると二千万から四千万ものひとびとが命を落としたとされる一九五九—六一年に起きた中国の飢饉についてはどうか。本来ならばひとびとの置かれている被害の程度こそ争点にされるべきであるのに、そうではなく、外部世界がその被害に気づくかどうか、さらに、それを問題として取り上げる選択をするかどうかということが争点となってしまう事例があまりに多すぎる。

したがって、ひとびとが集団で直面している緊急事態については、内部で経験される場合と外部から経験される場合とを区別する必要がある。内部で経験される場合、それが援助の得られる事態であろうとなかろうと、そして、すでに述べたように、その被害が、実際のところ人為的な力によって意図的に引き起こされたものであろうとなかろうと、それは緊急事態である。仮に、外国政府によって課された出入港や通商の停止、制裁、経済的な戦争状態などが、犠牲者の蒙っている被害を拡大しているとしよう。その場合も先ほどと同じく、それがどの程度に及んでいるのかという問題について評価するのは、犠牲者にとっては部外者よりも困難である。それらの措置を受ける側の政権が冷酷であればあるほど、被害者であるその国のひとびとが最悪の難局に晒される可能性も高まることになる。またしたがって、部外者側にとっても、それらの悪条件が重なったために当該の複合的緊急事態はいっそう深刻になった、と判断する材料が提供されることになる。

さらに、メディアがいくつもの緊急事態を次から次へと駆け足で報道する一方で、社会によってはレポーターやカメラマンの立ち入りが困難である——例えば、一九九三年当時、ソマリアへの立ち入りはスーダンと比べて難しかった——などの理由から、まったく取り上げられない緊急事態もある。政権が出入国を厳しく制限すればするほど、部外者がその緊急事態を適切かつ詳細に報道する可能性は低くなる。また、政府や援助団体が競って特定の危機へとメディアの注目を引きつけようとすることによって、報道は、被害者の観点からするとますます一貫性のないものになることすらある。

以上をまとめると、「複合的緊急事態」を構成する問題には、事実的側面と道徳的側面の両方がある、ということである。事実的側面は、危機のさなかにある特定の社会の置かれた状況と、対処されるべきニーズの程度に関わる。道徳的側面が関係するのは、緊急事態が起きているという決定をどのようにすべきか、責任はどこに割り当てられるべきか、復興をめざす努力にいかなる種類の優先を認めるべきか、仮に援助努力が実を結ばなかった場合、その緊急事態という状態はいつまで関心の対象となるのか、といった問題である。こうした道徳的側面が明確に見据えられていなければ、今述べたような問題が曖昧になるばかりか、事実的な側面での答えを見つけさえすればよいのだ、と誤って捉えられてしまいかねない。このような混乱は、人道的という、一見すると自明であるように思われる道徳的に重要な概念が、複合的、緊急事態、という二つの語を結びつけるのに用いられる際にはいつでも起こりうる。

人道的

人道的という語は、複合的、緊急事態という語とは異なり、直ちに道徳的含意をもつ。この語からは、困っているすべてのひとに対し、誰彼の区別なく、助力、善行、思いやりに満ちた配慮などを差し向けることが連想される。近年の定義によると、人道主義者とは、「人間の福祉の向上や社会的な改革の推進に尽力するひと。博愛主義者」を指す[9]。このようなひとは、それほど利他主義的でないひとびとの多くからさえも尊敬される。人道的支援の多くの形態に関しても同様であり、人道的だと説明される個々の事業の計画や実行については不十分だと評価することのあるひとでも、たいていはそうした援助形態に尊敬の念を抱く。

しかし、十九世紀にこの語が英語で日常的に用いられるようになった当初は、人道主義者に対するこうした肯定的見方は今ほど一般的ではなかった。『オクスフォード英語大辞典』によると、当時、人道的なという形容詞は、「思いやりに満ちた主義主張を過度に遂行するひと、という意味を言外に含み、ほとんどの場合、軽蔑的な」意味で用いられた。この語は、例えば、思いやりに満ちた、親切な、善良な、といったいくつかの語とは異なり、根深い疑いを意味していた。当時は、「人道的な humanitarian」という語が「思いやりに満ちた humane」という語に対してもっていた関係は、今日で言えば、「おせっかい焼き do-gooder」と「善良 good」の関係のようなものと捉えられることが多かった。人道主義者だと自称するひとについて多くのひとが抱くイメージは、ひいき目に見ても、頭がおかしくて、人情というものに漫然と感傷的になりやすく、人類の進歩のために大々的な計画を提起するが、自身の家族や共同体に対する自らの責任には目もくれない、といったものであった。また、最悪の言い方を用いるなら、人道主義という覆いをまとい、人類愛を騙って、あらゆる形態の宗教的、商業的目的や、ひどい場合には犯罪目的で他人に対して行う虐待や搾取を隠すひと、というものである。

チャールズ・ディケンズがその著『マーティン・チャズルウィット』〔北川悌二訳『マーティン・チャズルウィット』筑摩書房、一九九三年〕で描くペックスニフ氏の肖像は、そうした搾取的偽善行為の形態を非常に巧く表わしており、「ペックスニフ流の」という単語は正式な英語として使われるまでになっている。ペックスニフは自称「人道主義的哲学家」であり、全人類への大仰な関心を示し、自分の娘たち（彼に裏切られるまでは、彼に寄生する相棒的存在であった）をマーシー《いつくしみ》とチャリティー《思いやり》と名づけるほどである。彼は普遍的な愛を唱える一方で、自分の知り合いたちを騙して金を巻き上げたり彼らに苦痛を与えたりするよう企み、悪党であることが暴かれる。

二十世紀に入る頃には、人道的なという語の意味は大きく変化した。それによって生じた新たな意味は、いつ、いかなる方法で複合的な人道的緊急事態に対処するか、ということに関する目下の議論を理解するのに重要である。この語は、以前に比べより注目されるようになり、また、軽蔑的な意味合いは小さくなっている。この語がいっそう注目されるようになったのは、この語が、人間の条件を向上させようとする考えられうるかぎりのすべての企てに関わるからではなく、特に人間の根本的ニーズを満たして被害を軽減しようとする試みに関わるからである。また、この語の軽蔑的な意味合いが小さくなったのは、この語によって多くのひとが連想するもののうちに、先述のような疑念がもはや含まれないからである。

そうした人道主義の立場を採ることを徹底して突き詰めていった場合、個人的にはどのような選択を迫られることになるか。その一例が、二十世紀初頭にアルベルト・シュヴァイツァー博士によって浮き彫りにされることとなった。彼は、病院を建設したり、最も助けを必要とするひとびとへの救援活動を行ったりするため、一九一三年、当時仏領赤道アフリカであったガボンに赴くのだが、この時すでに、宗教と音楽に関する彼の著作はヨーロッパで広く評価を得ていた。シュヴァイツァーは、自身がなぜそうした選択をするに至ったのかを説明しつつ、「原生林で原住民の置かれた物理的身体的窮状」についての著作を読んだことを明かし、次のように述べている。「それについて考えれば考えるほど、現地から遠く離れた地にある私たちヨーロッパ人が、私たちの前に現れる崇高な人道的課題について心を砕くことがあまりに少ないのは、不思議なことだと思われた」[10]。

「私は兄弟の番人でしょうか。〔『創世記』四・九。弟アベルを殺したカインが、神にアベルの居場所を尋ねられた際に答えた言葉〕」この問いへの答えとして、シュヴァイツァーは次のように答えたと伝えられる。「まったくその通りだ。私は私の責任から逃れることはできない」。人間の責務とは、困っているひとびとがたとえどんな所で見出されたとしても、全力を尽くしてそれらのひとを助けることである。シュヴァイツァーが主張したのは、そのような意味で全人類は兄弟と見なされる、ということであった。しかし、二十世紀末になって、複合的緊急事態がこれほどまでに多くのひとびとの生存を危うくするに至っていることに少なからず起因して、人道的という語は、また別の変化を蒙っている。その変化は、私の知るかぎりではまだどの辞書にも記されていない。例えば、この語は、被害を軽減したり、ひとびとのニーズへの対処に当たったりしようとする取り組みを個人レベルで行うひとや、その態度、信念、行動のみを指示するのではなくなっている。この変化は、国連の援助機関や、非政府系の支援活動プログラム、さらには、政府および政府間で行われている、人道的だと称される非常に多くの努力等々の増加に伴うものである。現在ではこの語はまた、一九九二年に国連人道問題局〔Department of Humanitarian Affairs. 現在は、国連人道問題調整部 Office for the Coordination of Humanitarian Affairs に改編〕を創設して国連が取り組んでいる様々なプログラムのように、国際的共同体の名の下に行われる全世界的な支援活動のプログラムにも関連するようになっている。しかし、また同時に、この語の適用範囲はなおも拡張を続けている。この語は、政府、非政府機関、個人によって援助活動が行われることにだけ関わるのではなく、そうした援助を最も必要としている側の個人や共同体、および、住民らの窮状にも関係するようになっている。したがって、私たちが今日「人道的危機」もしくは「複合的な人道的緊急事態」について語る際に連想するのは、被害に見舞われているひとびとを援助するようになったり、そうしようと思案したりしているひとびとにとっての危機はもちろん、それら被害者にとっての危機でもある。

　しかし、人道的という語の意味がこのように拡張したことで、十九世紀に動機に関して抱かれたのと同じ疑問が新たな形で生じている。特に問題となるのは、政府、あるいは、大きな団体が、人道的支援活動の必要性を訴えているケースである。この場合、疑いは、援助を要求する側と、それを供給する側双方の政府や組織に向けられている。例えば、人道的援助を受ける側の国家の指導者や内戦状態にある各派のリーダーたちが、基金や食料、医薬品の一部を、自分の個人的財産の蓄財や、自身の軍の軍用に当てるかもしれない。一方、支援を供給する側の政府や団体は、自分たちに託された基金の管理を誤るかもしれない。関係者の数が増えるに従って、試算の誤り、腐敗、濫用の可能性も高まる。

一九九〇年代は、人道的根拠に基づく軍事介入が頻繁に行われた。そのようなケースでは、動機に対して疑いの目が向けられるのは至極当然である。歴史を振り返るなら、外部で工作された侵攻、代理戦争、政変などの実に大多数が、自己の利益や領土拡張主義などのために行われてきた。それらは、人道的な目標を後押しする側の抱くいかなる意図からもまったくかけ離れた理由によって企てられたのであり、しかも、そのような企てはけっして珍しいものではなかった。こうした事例の一つとして、ヒトラーが一九三八年九月二三日に掲げた主張を挙げることができる。ヒトラーは当時、チェコスロヴァキアでドイツ民族をはじめとする様々な少数民族が不当に扱われており、三百万人もの人命が危険に晒されている、と主張した[11]。

現在では、人道的介入という語が持ち出されるのは、少なくとも部分的には本当に利他主義的だと思われる企てを示すためであることが多くなっている[12]。さらに、合法性についての基準も変化しつつある。例えば、人道的援助を差し向ける目的で、他国の国務への介入を行ったり国境を越えたりする場合に、それが合法的だと見なされるための条件や方法に関する基準も変化している。しかし、人道的根拠に基づく軍事介入の正当化が問題となる場合、人道主義を主張することに対して十九世紀に広まっていた元来の意味での疑いは、今もって有効である。そのような疑いは、時代遅れの武力外交を隠蔽する危険性や、そうした武力外交に発展するおそれのある理想主義的なうわべに対する警告である。

人道的という語の意味合いがこのように変化し、また、人道的活動が大きな広がりを見せるその一方で、不安の感情ないし苦悶の感情もまた増大している。例えば、ルワンダの内戦のような危機のまっただなかで援助や健康管理に当たったり、人権を監視する活動に携わったりしているひとびとが、そのような感情を吐露している。そうした活動を行うひとが自身の動機に関して疑念をはさむ理由はいささかもない。彼らは、しばしばアルベルト・シュヴァイツァーやフローレンス・ナイチンゲールといった人物に感銘を受け、困難に耐え、自身の個人的生活の多くを犠牲にしてまで他人の役に立とうと覚悟して、現地に赴いている。彼らは、病気や極度の疲労はもちろん、時には誘拐されたり命を落としたりする危険があることも承知しており、実際、世界のいたる所で人権活動に従事する多くのひとびとが殺害されている。けれども、そうしたひとたちをはるかに悩ませてきたのは、彼らがある危機に際して行っている人道的援助が、全面的にではないにせよ、兵士に食料を供給し軍部の指導者を富ませ、紛争を長引かせるのに手を貸すことになり、その結果、ひとびとの被害を減じるどころか、逆にそれを助長してしまっているのかもしれない、という意識である。

害を及ぼすことに貢献してしまうかもしれないという危険性をめぐっての議論は、一九九四年、タンザニアとザイールのルワンダ難民キャンプで活動に当たっていた国境なき医師団（ＭＳＦ）――もともとは「フランス人医師団」として知られる医療に関する専門家組織であり、現在では、フランス以外の非常に多くの国々から集まったメンバーから構成されている――の様々な部署で噴出した。これらのキャンプにいた難民はフツ族のひとびとであったが、その中には、五十万人ものツチ族民を殺害するにいたったとも言われる、まさしく大量虐殺と称されうる殺戮に加わった者が含まれていた。ＭＳＦによると、これらの難民キャンプはフツ族の指導者たちによって掌握され、彼ら指導者たちが警察活動や軍事訓練を指揮し、さらには、本国へ送還されることを望んでいた同胞難民の殺害も命じていた。ＭＳＦのフランス支部は、これらのキャンプから撤退することを選んだ――これは苦渋に満ちた決断であったろう。というのも、メンバーたちは、そうすることが子供たちをはじめ、まったく過ちを犯していない他のひとびとを見捨てることになると理解していたのであるから。彼らは、「人道的援助の両義性」について語りながら次のように問うている。

国際社会が、難民キャンプに存在する現実を無視するだけでなく、大量虐殺を犯したとして告発されている指導者たちに合法性や手段を与えた上、直接ひとびとを強制し巧妙に操作することに手を貸すなど、受け入れることができるだろうか。難民キャンプは、軍隊がルワンダへの攻撃を開始するのを可能にする基地となってしまった。彼らは四月に虐殺を始めたが、それが完了するまで、彼らの基地になり下がった「聖域」への支援を続けることなど受け入れることができるだろうか。(13)

MSFのオランダ支部は、他の組織とともに留まる決断を下した。しかし、そうした状況で援助活動を行うことに関する道徳的葛藤の深刻さは、広く認識されるところとなった。援助を行う機関で働くひとびとや、援助を供与する側の政府で働くひとびとの間でも、こうした葛藤への認識が高まりつつある。今日の複合的な人道的緊急事態は、かつて個々の人道的支援活動家が自分たちの使命をまっとうした際に置かれていた状況とは、まったく異なっている。そうした現在の複合的な人道的緊急事態に、どうしたら最良の方法で対処することができるのか。現在入手可能な資源やそれらを活用するために形成されてきたネットワークを考えれば、人命を救い、食事を提供し、健康を回復させるといった活動にとっては、かつてないほどの好条件が整っていると言える。しかし、害を及ぼすことになってしまうという落とし穴や危険性もまた同じく、これまでになかったほど高まっている。MSFの先の代表であったロニー・ブローマンが、これについて次のように述べている。「先例を見ないほどの活力と公的支援の高まりがあったにもかかわらず、これほど多くの人命が救われず、また、これほど大きな災害が緩和されることもなかったのは、歴史的にも例がない。人道的援助がこうした両義性――成功という輝くメダルの裏側――によって特徴づけられたことは、歴史上まれである」(14)。

こうした両義性は、現在行われている人道的な組織活動の対象範囲に起因して、あるいは、援助の供与者が競いあって報道からの注目を引きつけようとしたり、援助を差し向ける側とそれを阻止する側のどちらか一つにでも軍隊が関与したりすることなどによって悪化させられる、とブローマンは指摘する。複合性を構成するこうした要素は、アルベルト・シュヴァイツァーのような人道主義者が考慮する必要のなかったものである。

ことによると、シュヴァイツァーのような人道主義者たちこそ、ルワンダやボスニアの紛争で生じた特殊な深刻さを伴う問題を、最も予測しえなかったのではないか。人道的支援と人権の保護のいずれを――和解や治療のための戦いと、正義のための戦いのいずれを――優先させるべきなのか。両者のために同時に戦うことが可能な場合もしばしばある。しかし、民族浄化や大量殺人を犯した者を法によって裁くのか、あるいは、そうした者に恩赦を与えることで暴力を少しでも早期に終結させるのか、いずれかを選ばねばならないとしたら、どちらを選ぶべきなのか。さらに、ひとたび戦争が終結したなら、恩赦を与え資源を復興に集中させるべきなのか、それとも、戦争犯罪法廷にかけるべきなのか。

私たちは人権侵害にいかにして抗い、いかにしてこれに取り組むべきか。今日の人道的危機は、こうした問題に対して私たちが抱く最も根本的な想定に、波紋を投げかける。私は先に第二章で、ドロシー・ジョーンズによる報告を引用した。それによると、人権について語ることは、二十世紀の経過とともに、たんなる言辞として斥けられる初期の段階から、部分的に達成される段階へと緩慢ながら変化しており、その実例を、東欧、南アフリカ、韓国、フィリピンをはじめ、他の非常に多くの社会に見ることができる。しかし、ドロシー・ジョーンズはまた正当にも、次のように洞察している。すなわち、人権をめぐるこうした成功と、昨今の数多くの失敗との重要な差異は、国家による人権侵害のあり方に関係したものであって、人権擁護が部分的にせよ成功してきたのは、そうした国家による人権侵害に対してである。私たちが現在目の当たりにしている、大規模で、ますます甚大となりつつある人権侵害は、国家はおろか、最も基本的な統治形態の多くが崩壊している地域で起きている。

一九八六年から九二年までアムネスティ・インターナショナルの事務局長を務めたイアン・マーティンは、一九九三年に行った彼の講演で、ドロシー・ジョーンズの著作からわずか二、三年後には起きていた認識の変化について述べている。彼は次のように指摘する。私たちは、ボスニアやその周辺の数多くの地域からの報告を目にするたびに次のことに気づく。すなわち、それらの報告は、たんに誰かあるひとが、その意見や宗教が政府に受け入れられないという理由によって投獄され、拷問を受け、処刑された、といったことについての報告ではない。以上のような理由は、今日ではそれほど一般的なものではない。現在、いつ新聞を開いてみても私たちが目にするのは、世界のどこかで、何十万人ものひとびとが、その国の状況を制御しうる政府がないか、または、一般に認められた国境をもつ国としてはもはや成り立っていないがゆえに、殺害され、強姦され、故郷から引き離され、貧困や飢餓に追いやられている、というニュースである(15)［強調引用者］。

政府が存在しないか、もしくは、弱体化してしまっていて、市民の権利が侵害されていることについての責任を問えないとしたら、誰がその責任を負うのか。昔から行われている伝統的手法として、特定の良心の囚人の解放を求めて公的な機関宛てに手紙を書くというやり方があるが、こうした方法は、今日の人道的緊急事態の場合、用を成さない。現在の緊急事態によって私たちは、長年人権について抱かれてきた最も根本的な意味内容そのものを検討すること、さらには、人権に関するそうした意味内容と、それに応じていかなる責務が要求されるかということとの関連について検討することを迫られている。

今日人権に関する多くの主張がある中で、それらの主張の根底にあるそうした意味内容の一つが、国連憲章の前文、および、世界人権宣言の第一条に掲げられている。すなわち、全人類は、文化や歴史に関わりなく、自由かつ平等に生まれ、また、生まれながらにして尊厳を有している、というものである。多くのひとびとにとってこの述定は、神が人間をそのように自由で平等な、生まれながらの尊厳をもったものとして創造したのだという宗教的世界観を反映したものである。他のひとびとにとっては、人間の根本的な平等性は、何ものにも拠らずに、尊厳と権利とを要求する主張の根底に据えられる。中国の天体物理学者であり、人権擁護活動家でもある方励之《ほうれいし》は、前提と権利の後者のタイプの関わりについて、次のように述べている。「中国国民は、人類を構成するあらゆるひとびとと同じく身体と脳、情熱と魂をもって生まれてきている。それゆえ、中国国民は他のすべての人間と同じく、何人にも奪われえない権利、尊厳、自由を享受できるし、享受するのでなければならない[16]［強調引用者］」。

方励之は、彼自身の政府に対しては正当な主張を行っている。しかし、何百万ものひとびとには、そうした権利の尊重が為されていないことの責任を負わせるべき国家がない。この事実を考える時、彼の言明における「それゆえ」はどうなるのか。平等であるという権利と、それを侵してはならないという責任との関係は、どのように維持されるべきか。今述べたような状況下で犠牲に晒される見知らぬひとびとに対して、私たちが負うべき責務とは何か。家族や兄弟愛という言葉は聖書の時代から慣れ親しまれてきたものであり、平等というたんなる表現それだけでは容易に喚起されない普遍的責任についての見解を納得させる。しかし、私たちは兄弟の番人である、というフレーズは今日の世界において何を意味するのか。全人類を私たちの家族だと捉えた時に、私たちは全人類にいかなる責務を負っているのか。そして、その構成員すべてがもつ権利とは何か。家族だと見なされるものの規模は、その意味で問題にはならないのか。それとも、問題にすべきなのか。二千年前には、地球上には恐らく一億人ほどのひとびとが住んでいたであろうが、その大部分は、それぞれ互いに人知れず、いずれか一つの共同体で生活していた。その時でさえ、普遍的な兄弟愛という言葉は実際にはめったに守られていなかった。今日、地球の人口はおよそ六十億だが、そのうちの十三億は極度の困窮状態に置かれており、その大部分を占める子供たちをはじめ、多くのひとびとが外部からの援助なくしては生き残ることができない。そうした中、兄弟愛というこの言葉は、いかなる実践的な力をもつか。

現代の著述家たちは、権利、ニーズ、責任、責務の間の複雑な理論的関係を解明するために多くの労力を費やしてきた(17)。しかし、彼らが一般に行っている考察もまた、基本的権利を維持する責任を負わせられるべき国家という枠組みの中での権利について行われている。海外で困窮状態に置かれているひとびとの権利を扱っている研究者の多くが、増大する昨今の紛争、人口、ひとびとのニーズ等々の深刻さをまだ理解していない。例えば、ヘンリー・シューは一九八〇年に、生存権――汚染されていない空気と水、十分な食料、衣服、住居、病気予防のための最低限の公衆衛生の管理――は、「誰もが他のひとびとに最低限要求できる妥当な範囲のもの」としての基本的権利の一つである、と論じている。さらに、「下劣な不平等は避けられねばならない、という原理」に則って、必要な犠牲を払わねばならないという義務は、第一に裕福なひとびとが負うべきである、とする(18)。十五年以上経った今、もしシューが、あなたの見解は今日私たちの直面しているとてつもない人道的危機に対してどう適用されるべきか、と質問されたなら、困惑することだろう。それと同じ困惑を、平等な権利、共通の人間性、兄弟愛といった、もっと単純な概念を前提にして人権に関わる分野での仕事に携わる多くのひとが感じているのである。

もっと新しい研究としては、ジョン・ロールズが、「無法国家」や混乱の内にある社会での権利をどう扱うべきかという問題に取り組んだ試論「万民の法」がある。彼はその中で、人権についてまた別の一連の前提を提起している。ロールズは、人権に関する自らの考察が、方励之やヘンリー・シューによって表現されたような普遍的前提のいずれにも依存していないと明確に述べている。ロールズの考察では、全人類は等しく人権を与えられる、とか、人権を得るにふさわしい何らかの道徳的、知的能力をもつ、といった包括的な見解を必要としない。また、ロールズは、自身の考察が普遍的な兄弟愛や家族といった概念、および、全包括的な社会契約その他何らかの普遍的責務に基づいていると主張してもいない。代わりに彼は、「良く秩序立てられた社会」を出発点として構築を行う構成主義的アプローチを採る。基本的な人権、例えば、生命、わずかばかりの自由、財産、形式の上での正義といったものに対する権利は、ロールズにとって、「万民より成る公正な政治社会に、正式な資格をもった構成員として所属するあらゆるひとびとのための、良く秩序立てられた政治制度の最低限の基準」である(19)。

世界人権宣言や、一九九三年に採択されたウィーン宣言で列挙された、人権についてのさらに多くの項目についてはどうか。これらのリストに列挙された権利のうちのいくつかは、意欲的で現実的なものと受け止められる、とロールズは示唆している。しかし、だとすれば、良く秩序立てられた社会で生きる幸運に恵まれたひとは、そうでないひとの権利にどのように向き合うべきなのか。特に、先に見た旧ユーゴスラヴィアやルワンダのような地域のひとびとの権利はどうか。

ロールズが主張するように、そうしたひとびとの運命は、基本的人権の保障された状況を享受している、良く秩序立てられた社会に住むひとびとの関心の対象となるべきである。しかし、幸運に恵まれないひとびとは、自分たちより暮らし向きの良いひとびとに何か特定の要求をする権利をもたないし、反対に、恵まれているひとびとが何か特定の責務をもつようにも思われない。とりわけ、恵まれないひとびとは、どれほど悲惨な状況に置かれていようと、再配分といった類《たぐい》の要求を行う権利をもっていない。ロールズが明確に主張するように、格差原理は、良く秩序立てられた一国家の内部であれば再配分のメカニズムとして機能する。しかし、複数の社会にまたがって見られる「好ましくない状況」と彼が呼ぶ問題——すなわち、良く秩序立てられた社会を可能にする様々な要因、例えば、文化的、政治的伝統その他の要因を欠いている社会が存在するという状況——に対処する方法としては、格差原理は適切でない。その場合、人権に関する先のような見解から、ロールズにとってはいかなる責務が帰結することになるのか。

良く秩序立てられた社会が支持する、万民のための社会についての理念的構想の示すところによると、やがてはすべての社会が、良く秩序立てられた社会を可能にする条件へと到達しなければならないか、もしくは、到達するよう援助されねばならない。つまりは、人権はどこにおいても認識され保障されねばならないということ、そして、人間の基本的ニーズは満たされねばならない、ということである。(20)

ロールズが受動態を用いているので、責任に関する問題は際立つばかりである。人権は、「どこにおいても認識され保障されねばならない」し、「人間の基本的ニーズは満たされねばならない」。しかし、私たちが今日直面している惨禍はきわめて甚大である。その深刻さは、このような言葉遣いに終始する人権理論の根底にある前提に対しても、普遍的な兄弟愛という言葉の根底にある前提に対しても、同じように疑問を投げかける。現在生存を脅かされている何百万というひとびとに権利を保障し、それらのひとびとのニーズに応えるという責任は、どこに負わせられるべきなのか。

誰の責任か

複合的な人道的緊急事態に関して重要なのは、人権を擁護するために取りうる方法を見出すこと、そして、それを擁護する責務を果たす方法を見出すこと——その過程で迫害者によって殺されてしまうことなく——である。

医学博士 ジェニファー・リーニング

言葉で表現しえないほどの被害の様子を伝える映像が増えるにつれ、部外者の苦悶も募る。部外者は、どうすれば最も良い形で援助を引き受けることができるのか。また、そうした援助を実行するのに必要な負担を、人的な面での負担も含め、最も適切に見積もるにはどうすべきなのか。さらに、ひとは多くの場合、個々人のどの命もかけがえのないものと考えようとするが、その一方で、実に多くの人類同胞を苦しめる被害の重圧にも気づいており——テレビの報道によっていっそう直接的に気づかされる——、部外者の苦悶は、その対比によっても増長される[21]。さらに、ほとんどのひとが、少なくとも誰かの生存について——自分自身の、その家族や友人の、また、しばしば同胞市民等々の生存について——、他のひとびとのことよりも気にかけている。しかし、多くのひとはまた、アルベルト・シュヴァイツァーの見解によって突きつけられた問題を深刻に受け止め、人類をそれぞれ別様に扱うという不正義に対しても、そうした根拠に基づいて心配を寄せている。

十九世紀のイギリスの思想家ヘンリー・シジウィックは、以上のような対比が、倫理に関する矛盾のない見解の構築をすべて脅かすほどに深刻な問題をもたらすと見なした。すなわち、彼は一方では功利主義者としての立場から、「他人にとってのより多い善は自分自身にとってのより少ない善に優先されるべきであるという原理」を、倫理学の根本的原理として主張するのを厭わなかった。この原理に従うなら、自分自身にとってどんなに犠牲を要することであっても、それが他人にとってのより大きな善を成就しうるものであるかぎり、その遂行を要請されることになる。[22] さらに、シジウィックは、私たちは自らの同胞市民に対してはそうでないひとびとに対するより多くを負っている、と主張するひとに対し、次のように反論している。そうした見解に、「もっともらしく見えるものも含め、何がしかの根拠を与えるであろうどんな倫理的推論も」見たことがないし、「思いつくことすらできない[23]」。だが、その一方で、シジウィックは、他人を助けなければならないという私たちの責務は、私たちとその相手との関係によって異なってくる、との見解を当然視した。彼はこれを常識的見解と呼んでいる。

私たちは以下のことに同意するであろう。私たちの誰もが、自分の両親、配偶者、子供たちに対して親切にする義務があり、それ以外の親類縁者に対してはもっと弱い程度の親切心を示す義務がある。そして、自分に貢献してくれたことのあるひとや、誰であれ自分が親しいと感じたひと、友人だと呼んだことのあるひとに対して親切にすべきである。また、近隣に住むひとや、同国人であるひとに対しては、それ以外のひとに対して以上の親切心を示すべきである。さらに、自分たちと同じ人種のひとびとに対しては、黒人や黄色人種に対して以上の親切心を示すべきである、とも言いうるかもしれない。一般的に言うなら、自分にとって近いと感じる割合に応じてそれにふさわしい程度の親切心を示すべきなのである。(24)

シジウィックが指摘している葛藤を伝えるのに、古代よりしばしば用いられてきた一つの喩えがある。それは、人間の関心と献身を示す同心円の喩えで、中心には自分自身が置かれ、その周りを、家族の一人ひとり、友人、共同体のメンバー、同胞市民、その他のひとびとといったいくつもの円が囲んでいる。(25)私たちは皆、いずれかの多くの絡み合ったグループに所属しているが、この同心円の喩えは、そうしたグループ内部のひとに負っているものと、その外部にいるひとに負っているものとの間の避けられない緊張について語っている。この喩えは、これまで長きにわたり、次の二つの立場のいずれかを説得するのに用いられてきた。一つは、私たちが外部に対してもつ関心の対象を、最も狭い個人的な範囲から、部外者、見知らぬひと、全人類へと拡張し、それらのひとびとの必要とするものへ目を向けるようしむけるという立場である。(26)そして、今一つはそれとは反対の立場であり、「自分の持ち場と義務」を強調する。後者の立場に従うなら、少なくとも私たちが最優先させるべき献身の相手は、まさしく、生活における私たちの状況と役割に依存するのであり、人類一般に対する責務をそれより優先させることはできない。

前者の見解は、その形態の多くの点で普遍救済論的人道主義に合致する。それは、例えば先に見たシユヴァイツァーの言明によって表わされている。人類は皆兄弟だという彼の主張は、言い換えるなら、困っているひとびとへの援助が問題になった場合、異なる円どうしの境界は重要視されるべきでない、ということになる。逆に、それらの境界を強調し、遠く離れたひとびとへの献身よりも、直接触れ合う機会のあるひとびとへの献身を優先させるべきだとする後者の見解は、上で引用したシジウィックの二つ目の一節に、その影響を認めることができる。いずれにせよ、普遍救済主義的見解も、献身に程度の差を持ち込む見解も、人間の生存と安全保障に関心を向けているという点では一致している。たとえ、どちらか一方の見解のみを擁護し、他方の主張に対して、偏狭だとか、偽善だとか、本当に困窮しているひとに目を向けていない、といった調子で徹底的に疑ってかかろうと、そうした一致に変わりはない。

　両方の見解を支持する穏健な立場を採るひとは、自分がすでに責務を負っている誰かあるひとの窮状を不当に扱うことにならないならば、自分が責務を負っていない別の誰かを、それが赤の他人であっても助けるべきだ、ということには少なくとも同意する。また、そうした立場のひとは、殺人や、約束を反故にすること、騙すことに関する特定の禁止事項を、すべての同心円の境界を越えて適用すべきだ、ということや、公平性という基本的要求はすべてのひとに向けられるべきだ、ということについても同意する。この他、例えば地震によって発生したような、何らかの深刻な特定の緊急事態の場合には、境界を越えて人道的援助を提供する責務を、他の後回しにできる要求に優先させるべきだ、ということには、多くのひとが同意する。緊急事態という用語は時として、自身の家族のメンバーや同国人のニーズよりも、自分にとっては部外者でしかないひとびとのニーズを優先するよう迫るものであった。献身に程度の差を持ち込む見解を支持するひとが、緊急事態というこの用語の使用を尻込みするのは、部外者からの要求が大規模で長期にわたるものであり、乏しい資源の再配分が無視できないほどにまで及ぶことが見込まれる場合においてである。

同心円の描くイメージをどちらのパースペクティブから眺めるにせよ、大事なのは、相手のパースペクティブの重要性に気づくよう努めることである。そして、急激に増加しつつある複合的な人道的緊急事態への対処法をめぐって意見が対立した場合には、双方のパースペクティブの果たす役割を認めるよう努めなければならない。さらに、その際には、「複合的な人道的緊急事態」という概念に内在する事実的および道徳的論点をきちんと整理することも重要である。さもなければ、どちらかのパースペクティブをいともたやすく無視してしまうことになりかねない。すなわち、何らかの危機について、それがどのように生じたのか、また、当該時点でのニーズに対処し、危機が再発しないようにするにはどの戦略が最適か、といった重要な経験的問題を精査し損ねてしまうかもしれない。あるいはまた、多くのひとが自分の利害関係と責任感への相矛盾する訴えかけによって抱く、純粋に道徳的な動揺を見落としてしまうかもしれない。今日の大規模な人道的危機は、戦略的問題と道徳的問題を、かつてなかったほどにまざまざと提起している。私たちが以上で取り上げた区別を念頭に置かず、また、そこから派生する様々な影響についての探究を怠るかぎり、それら戦略的問題と道徳的問題すべてに性急に答えを出してしまう危険が伴うのであり、もしそうなれば、それらは二十一世紀にとって重大な道徳的問題となろう。

それらの危機に実践的に対処するにしても、道徳的要因に真剣に取り組まないのなら、それは、戦略的要因を考慮しないまま放置するのと同じく短絡的である（第四章を参照せよ）。複合的な緊急事態のもつ複合性を省みず、戦略的要因と道徳的要因のどちらについても十分に考慮するのでなければ、複合的緊急事態への国際的な対処は混乱のうちに尻すぼみになるか、時に逆効果になってしまう。ボスニアとルワンダのいずれの場合にも、両要因についてともに検討されていれば、危機の悪化を助長した大失策や近視眼的な政策ではなく、それらを防止する努力が講じられていたことだろう。

多くのひとが、人道的緊急事態の広がりや、現時点までのところ、それらへの対処の不適切さが取り沙汰されるのを目の当たりにして失望感を口にする。しかし、諦めるにはまだ早すぎる。現在私たちが向かっている方向を逆転させるためには、これまで多くのひとや集団が、人種差別、アパルトヘイト、核による恐怖の均衡に、多くの現場で、多くの工夫と勇気を伴い立ち向かってきたのと同じだけの労力を要することになろう。本章冒頭の引用で、マーティン・ルーサー・キング・ジュニアは核による恐怖の均衡について述べていた。一九六四年当時もやはり多くのひとが、これらの悪に対して平和的な解決がもたらされるという希望をすべて諦めかけていた。それから三十年以上経った今こそ、私たちはこれまで以上に彼の結論に耳を傾けるべき時期に来ている。

ひとはどこにいても、自分の身体のためには一日三回の食事を、自分の心のためには教育と文化を、そして、自分の精神のためには尊厳と平等と自由をもつことができるのだ、と私は勇気をもって信じています。私たちは打ち克つだろう、と私は今でも信じているのです。

謝辞

本書に収められた各章は、一九八八年から九四年にかけて行った講演や、その間に出版した試論などを基にしたものである。第一章は、一九九四年四月にミズーリ大学コロンビア校で行ったブリック講演を下敷きにしている。その際にコメントを寄せて下さったすべての方々に心から感謝の念を表したい。現地に私が到着した途端に頂戴した歓待をはじめ、滞在中ミズーリ大学関係者の皆様と出会える機会に恵まれたことは、私にとって実に貴重な出来事であった。そのブリック講演を出版することとなり、原稿を見直すにあたって、講演の折に頂戴した示唆とともに、他の四つの章で書いた内容をそれぞれ発表した際にご指摘いただいた点も併せて検討する機会を得た。ニューヨークのショトーカ・インスティテューション及びウィリアムズ・カレッジでは、第一章の初期段階の原稿に示唆をいただいた。また、コロンビア大学、ストックホルムのFAロデット、東京の東海大学で行われたコモン・セキュリティー・フォーラムでは、部分的に重なる箇所のあった草稿について議論が交わされた。[*1] それぞれに参加して下さった皆様に感謝したい。

第二章から第五章までの各章も、多くの研究機関での講演が基になっている。これらの各章は、講演の後それぞれ以下の形で出版された。"The Search for a Shared Ethics," *Common Knowledge* (winter 1992); "What Basis for Morality? A Minimalist Approach," *The Monist* (July 1993); "Early Advocates of Lasting World

Peace: Utopians or Realists?" *Ethics and International Affairs* (1990), reprinted in Joel H. Rosenthal, ed., *Ethics and International Affairs: A Reader* (Washington, D. C.: Georgetown University Press, 1995), 150–68; "Complex Humanitarian Emergencies: Moral Quandaries," *Medicine and Global Survival* 1 (December 1994).

これらの出版の編集をご担当いただき、その上、これらの論文の再録にあたって援助を惜しまず許可して下さった方々にお礼を申し上げる。最初に掲げた論文はもともと『コモン・ナーリッジ』に収録されたものだが、今回オクスフォード大学出版局の許可を得て再録した。どの論文も、本書の出版に際し改訂、調整を加え、かなり修正した。私は、一九九一年から九二年にはカリフォルニアのスタンフォード大学行動科学高等研究センター、九三年にはハーバード大学のジョーン・バローヌ・ショレンスタイン報道政治社会政策センター、九三年初頭にはハーバード大学の人口・開発研究センターに所属していたのだが、当時の同僚諸氏にも、本書の各章で取り上げた問題の多くについての刺激的な議論に参加していただいた。感謝を捧げたい。

さらに、以上の試論でまとめた内容を発表したワークショップをはじめ、以下の機会でコメントを頂戴した皆様にも感謝したい。一九八九年のバーナード大学百年記念事業、八九年にニューヘイヴンで開かれたユニテリアン－ユニバーサリスト総会でのウェア講演、八九年プリンストン大学、九〇年アメリカ哲学連合会、九二年コネチカット・カレッジでのサイクス・メモリアル講演、九二年スタンフォード大学のエシックス・イン・ソサイエティー・プログラム、九二年スタンフォード大学のプログラム・イン・セキュリティー・スタディーズ、九二年ケイス・ウェスタン・リザーブ大学医学部、九二年プレスビテリアン・カレッジ、九二年ハーバード大学でのプログラム・フォー・エシックス・イン・ザ・プロフェッションズ、九二年サンタフェのノース・アメリカン・インスティテュート、九二年ボストンでのフォード・ホール・フォーラム、九二年メイン州立大学ポートランド校、九三年アイオウナ・カレッジ、九三年フォーダム大学、九三年ヴァーモントのトリニティ・カレッジ、九三年メイン州立大学バンゴー校、九三年シモンズ・カレッジ、八九年および九三年ボストン大学哲学宗教学研究所、九四年ハーバード大学の人口・開発研究センター。

また、メキシコ大学、モスクワ大学、オスロー大学で開かれた会合や集会において、本書所収の試論で取り上げた主題についての意見交換に参加して下さった方々にも感謝している。私がこれらの問題についてともに語り合い、かつ、やり取りのあった方々の中で、特に以下の各氏からは、私の議論の具体的ないくつかの点について個別に、あるいは時間をかけてそれらすべてをまとめて総合的に示唆を頂戴したり、問題を指摘していただいたりした。感謝を申し上げたい。シュディィル・アナンド、アンソニー・アッピア、ロバート・アウディ、トム・ボーシャン、ヒラリー・ボク、デレク・ボク、ダニエル・カラハン、リンカーン・チェン、ダイアナ・エック、ダグフィン・フェレスダール、ネヴァ・グッドウイン、エイミー・ガットマン、スタンリー・ホフマン、ラシュワース・キッダー、クリスティーン・コースガード、ジェニファー・リーニング、マイケル・マクファーソン、ジュリウス・モラフチク、マーサ・ヌスバウム、スーザン・オーキン、ハーバート・オークン、アメリー・ローティー、エマ・ロスチャイルド、ルロワ・ルーナー、エニド・シェトゥル、アマルティア・セン、アデル・シモンズ、ジョン・サイモン、ブリタ・スタンダール、クリスター・スタンダール、デニス・トンプソン、マーガレット・ウォーカー、杜維明、ロイド・ワインレブ、ディヴィッド・ウィルキンス、ディヴィッド・ウォン、ヌール・ヤーマンの各氏である。

最後に、ブリック講演の度重なる草稿への援助を惜しまず、本書全体を仕上げるのに協力して下さったミズーリ大学のスタッフの皆様に心より感謝を捧げる次第である。

＊1 それらの草稿のうちのいくつかは、以下の形で出版された。Sissela Bok, "Cultural Diversity and Shared Moral Values," in Lincoln Chen and Tatsuro Matsumae, eds., *Common Security Forum in Asia: New Concept of Human Security* (Tokyo: Tokai University, 1995), "Shared Moral Values," in Hans de Geer and Gunilla Silfverberg, ed., *Citizens' Trust and Authorities' Choices,* a report from the Fourth International Conference on Ethics in the Public Service, Stockholm, June 15–18, 1994.

訳者あとがき

本書は、Sissela Bok, *Common Values*, University of Missouri Press, 2nd Edition, 2002. の全訳である。初版は一九九五年に出版され、「9・11」の翌年、「二〇〇二年版への序文」を付して再版された。訳出に当たってはこの第二版を底本とした。

著者のシセラ・ボクは、スウェーデン生まれの哲学者である。ハーバード大学で哲学の博士号を取得し、ブランダイス大学の哲学教授等を経て、現在はハーバード大学人口・開発研究センターの客員研究員である。母はノーベル平和賞を受賞した政治家アルバ・ミュルダール、父はノーベル経済学賞を受賞した経済学者カール・グンナー・ミュルダール。夫のデレク・ボクはハーバード大学学長も務めた法学者であり、娘のヒラリー・ボクはジョンズ・ホプキンス大学の哲学教授と、まれに見る学者一家と言うことができるであろう。シセラ・ボクの著書はすでに日本でも三冊が邦訳されており、ご存じの方も多いのではないだろうか。主な著書は以下の通りである。

Lying : Moral Choice in Public and Private Life, Pantheon Books, 1978.（古田暁訳『嘘の人間学』ＴＢＳブリタニカ、一九八二年）

Secrets : On the Ethics of Concealment and Revelation, Pantheon Books, 1983.（大澤正道訳『秘密と公開』法政

大学出版局、一九九七年）

A Strategy for Peace—Human Values and the Threat of War, Pantheon Books, 1989.（大沢正道訳『戦争と平和』法政大学出版局、一九九〇年）

Alva Myrdal : A Daughter's Memoir, Perseus Books , 1991.

Mayhem : Violence as Public Entertainment, Basic Books, 1998.

なお、本書と同じテーマを扱った論文が論集に収められ、やはり邦訳されているので、それも紹介しておこう。

Sissela Bok, "From Part to Whole", in Martha C. Nussbaum with Respondents, edited by Joshua Cohen, *For Love of Country : Debating the Limits of Patriotism*, Beacon Press, 1996.（シセーラ・ボク「部分から全体へ」、マーサ・C・ヌスバウム他著、辰巳伸知、能川元一訳『国を愛するということ　愛国主義の限界をめぐる論争』人文書院、二〇〇〇年、所収）

これらの著作を見渡してみると、ボクが常に具体的な問題に即して思索を展開してきていることが見て取れるであろう。それらはいずれもその時代、時代の焦眉の課題をテーマに取り上げている。そして、本書『共通価値』はまさに、「9・11」以降の時代を生きる私たちが直面している最重要課題「諸文化・諸文明・諸民族・諸国家・諸宗教はいかにして共存できるのか」という難問に挑戦するものである。

本書が初めて刊行されたのは一九九五年であり、「謝辞」にもあるように個々の章はさらにそれ以前に書かれたり発表されたりしたものである。その時期というのは、グローバルな、地球規模の倫理が志向されていた時代であったと言えよう。一九八九年のベルリンの壁の崩壊に象徴されるように、それまでの東西冷戦の図式が崩れ、「資本主義対社会主義」という対立図式に代わる新たなパラダイムが模索されていた。その時代に相次いで提唱されるようになってきたのが「グローバル・エシックス」であった。グローバル・エシックスとはひとことで言うならば、グローバリゼーション（ならびにグローバリズム）の時代においてグローバルに妥当する倫理を探究する試みのことである。そのうちの代表的な四つの取り組みを、ボクは第一章の中で取り上げて批判しているが、それらに代えて独自のグローバル・エシックスを提唱しようとしたのがこの『共通価値』なのである。

彼女の基本的な主張は、第一章において四つの提言としてまとめられているので、ここでそれを繰り返すことはしない。ボクの主張の最大の特徴は、様々な集団に属するひとびとが互いに同意しうるような最低限の「ミニマリズム的な価値」を探し出し、それを個々の集団内だけに妥当するものとせず、集団を超えて適用するべき「共通価値」として共有することによって、諸集団の間の対話や連帯の基盤にしようとしている点にある。その際ボクは、ミニマリズム的価値に対して「マクシマリズム的価値」を対置する。マクシマリズム的価値とは、各集団が体系化し理想として追い求めていく最大限の価値であり、そこには文化の多様性が反映されることになる。プルーラリズム（複数主義、多元主義）の立場からするならば、各集団が有するマクシマリズム的価値の体系は何よりも尊重されなければならないということになるだろう。しかし、諸文化、諸文明、諸民族、諸国家、諸宗教の共存はいかにして可能かという観点からするならば、完全なる価値相対主義に席を譲り、多様性の名の下に行われる抑圧や虐待などもすべて許容してしまうというわけにはいかない。かといって、人類普遍の価値とか普遍的義務だけを護持し、それ以外の各集団固有の価値はすべて捨て去るべしと主張するのは時代遅れの普遍主義であろう。こうした隘路をかいくぐって人類共存のための共通の地盤を用意しようというのがボクの狙いである。ボクによれば、ミニマリズム的価値は、最も小さな共同体をはじめとしてありとあらゆる集団が、自らを維持するために採用しなければならなかったようなものであり、そうした最低限のものに限るならば、集団を超えてすべての人間に共有されており、したがってすべての集団に対して「共通価値」として要求することが可能だというのである。

このような主張の背景には、近年流行りの「人権」批判がある。近代の自然権思想に端を発する人権思想は、すべての人間は生まれつき平等の権利を有するとして、差別や迫害に対して抵抗するための理論的根拠となってきた。しかし、時代を経る中で、人権概念のうちには当初の自由権からさらに参政権や社会権その他、相互に両立しがたい新たな内実が次々と付け加えられて概念が曖昧化されたために、万人の合意を得にくいものとなってしまった一方で、「普遍主義」という名の下で西洋白人男性中心主義を押しつけるというイデオロギー的機能を果たしてきたにすぎないのではないかという告発もなされるに至っている。非西欧諸国の政治家があからさまに人権概念に異を唱えるようになっているばかりでなく、日本においても『人権を疑え!』(宮崎哲弥編著、洋泉社新書、二〇〇〇年)というのは売れ筋の標語となってきている。ボクはこうした人権批判に安易に同調するわけではないが、「人権」という高度に抽象的な概念がマクシマリズム的価値として膨れあがってしまい、全人類が共有可能なミニマリズム的価値の役目を果たしえなくなってしまっていることを見抜いている。上述したように、ボクは本書第一章において既存のグローバル・エシックスの試みを批判しているが、その筆頭に取り上げたのが国連ウィーン世界人権会議の議論であった。批判の要点は、ウィーン宣言の中でミニマリズム的な権利とマクシマリズム的な権利が分別されておらず、したがってすべての社会が受け容れざるをえないような共通価値を提示することに失敗している、という点にある。

それではボク自身が考える共通価値とはいかなるものであろうか。人類が共有している最低限の価値として三つのカテゴリーがあるとボクは言う。A相互支援・忠誠・報恩を命ずる積極的義務、B暴力・欺瞞・裏切りの抑制を命ずる消極的義務、C係争を公平に解決するための手続き的正義、の三つである。ボクは、これらのミニマリズム的価値を理解するために、特別な知識はもちろん、読み書きの能力すら必要ではないと言う。それらの価値は「ひとを殺してはならない」というような明確な事例だけに言及し、曖昧な事例(中絶や脳死臓器移植や死刑などのような判断の分かれる決疑論的問題)をどのように評価するかについては決定しないままにする。この点はボクの言葉遣いにも現れている。Bのカテゴリーを論じる際、ボクは「禁止 prohibition」という語ではなく「抑制 constraint」とか「制限 restraint」という語を用いている。どんな社会においても人殺しはできるだけ避けるべき(抑制、制限)だとされているが、いかなる場合にもどのような形態の人殺しであってもけっして行ってはならないという意味での絶対的な禁止を要求している社会はほとんど見当たらない。カントの定言命法のように、いかなる例外も認めない無条件的、絶対的な規範が定立されてしまうと、それに対して学術的な疑義が百出して合意を形成することが困難になってしまうであろう。それに比してミニマリズム的価値は、学問的厳密性を要求しないその平易さ、通俗性のゆえに、人類共通の価値たりうると言うのである。

ボクは第二章と第三章で、現代のような相対主義の時代において共通価値を見出すことはできるのか、見出せたとしてそれはいかにして基礎づけられうるのか、という哲学的・理論的問題を扱っている。共通価値を導出してくるボクの議論は経験主義的・人間学的である。また、基礎づけ主義の無限背進に陥ることなく反基礎づけ主義からの批判をかわして、その地盤・基盤を確保しようとする議論は、倫理学者たちの喧噪を鎮めうるかどうかはわからないが、一般の読者にも理解可能な平明さを伴っていると思われる。

さて、ミニマリズム的価値として挙げられた内容について、ボク自身の思索の変遷という観点から見てみると、世界的な思潮とも関連するある一つの傾向が浮かび上がってくる。ボクは一九八九年に出版した『平和のための戦略』(邦訳『戦争と平和』)において、次の四つを、すべての集団に普遍的に見られる自己維持のための基本的規範として掲げていた。(1)暴力の禁止、(2)欺瞞の禁止、(3)裏切りの禁止、(4)過度な秘密の禁止、である(上掲訳書、三七頁以下)。これらを、自集団を超えて外部集団にまで押し広げていくことによって、相互間の信頼を醸成し平和構築へと導いていこうというのが、ボクの平和戦略だったのである(本書第四章でこのテーマが再論されている)。ボクの問題意識と基本的なストラテジーは変わっていない。しかし、共有されるべき価値として掲げられた内容が変化してきていることに気づくであろう。最も重要な変化は、共通価値として真っ先に「A相互扶助義務」が掲げられていることである。同様に、「C手続き的正義」も新たに加わったものである。これに対して、「(4)過度な秘密の禁止」が姿を消している。

とりわけ「A相互扶助義務」が第一の義務として新たに措定されたことの意味は大きいと言わなければならない。これは一九八九年の段階では、ボクによって意図的に除外されていたものである。当時、ボクは相互扶助の義務がほとんどの文化圏に共通に見出されることを承知しながらも、「他人に対してやさしくしたり、親切にしたりできない者でも、彼らを殺すことは慎まなくてはならない」という、積極的義務に対する消極的義務の優先性や、「積極的な価値を制度化するのは一国の内でさえむずかしい」という実行可能性の問題にも配慮して、相互扶助義務を基本的規範の中に数え入れていなかった(同上、八九頁以下)。それが、ここに来て共通価値の筆頭に掲げられるようになったというのは、ボクの思索の転換ないし深化であると同時に、世界的な思想潮流の変化に対応したものであると言っていいだろう。まだ「自主独立」「民族自決」などが国際政治における第一命題であった時代から、貧困を構造的暴力の結果と捉え、その解消のために積極的に働きかける必要性が自覚されるようになってきた、ここ二十年ほどの国際世論の変化を色濃く反映したものであると言えよう。「人道的支援」や「人道的介入」をどのように理論的に基礎づけ、いかに実行していくかというのは非常に難しい問題であるが、ボクは本書最終章において哲学的側面からこの問題に光を当てている。残念ながら、なぜこれを新たに取り上げるようになったかということに関してボク自身が注釈を加えてはいないが、人類の共存にとって「福祉」や「援助」がミニマルな条件であるという彼女の結論に多くのひとは同意するであろう。

ミニマリズム的な価値の中に相互扶助義務を含めるか否かというのは大きな問題であり、ボクはそれを含めるという選択をしたわけだが、しかし、それを含めたとしてもミニマリズム的価値の内容はきわめて貧弱であり、ある社会が社会として十全に機能するためには、それだけでは不十分であるとボクは繰り返し述べている。ボクはけっして、各集団がミニマリズム的価値に対して様々な要素を付加してマクシマリズム的価値を体系化していくことを否定してはいない。むしろそれはどの集団にとっても必要な作業である。ただ、異なる集団、異なる文化どうしが共存していくためには、最低限の価値を共通の価値と認め合って、その地盤（＝共通の言語）の上で対話と協調の可能性を探り続けていくしかない、と主張するのである。

さて、本書出版から六年後の二〇〇一年、「9・11」が勃発し、世界を震撼させることになった。この事件は人類連帯への道を断ち切るに十分なインパクトをもっており、恐怖政治《テロリズム》の時代を招来せしめた。その後、ハンチントンの「文明の衝突」という刺激的なフレーズが急速に流布し、諸文化、諸文明、諸民族、諸国家、諸宗教の間の信頼関係は失われ、その間の溝ばかりにスポットが当たるようになってきている。そうした中、すぐ翌年に本書が再版されたということの意味は大きい。共通価値を探求したボクの営みは、まさに「9・11」以降の時代を先取りして、人類共通の地盤を見出し、共存の可能性を探ろうとする試みであったと言うことができるであろう。シセラ・ボクの『共通価値』はこの時代においてこそ読まれるにふさわしい書なのである。その意味で本訳書には「文明の衝突を超えて」というサブタイトルを付した。ボクは本書の中でハンチントンに関して直接言及しているわけではないが、本書の性格を端的に表わしているのではないだろうか。

最後に今回の翻訳出版に至った経緯について記しておくことにする。私がボクのこの書と出会ったのは、ある共同研究の途上であった。二〇〇一年の一二月、同年勃発した「9・11」に触発された研究者たちが「〈9・11〉を多角的に考える哲学フォーラム」を立ち上げた。このフォーラムはその後二〇〇七年一二月までに二十一回開催されているが、途中二〇〇三年から二〇〇六年までの四年間、「現代におけるグローバル・エシックス形成のための理論的研究」と題して科学研究費補助金（基盤研究B・課題番号一五三二〇〇〇五・研究代表者／寺田俊郎・舟場保之）の交付を受けることができた。その『中間報告書』（二〇〇五年三月発行）にはフォーラムの記録とともに、関連文献のレビューや翻訳が収録されていたが、その中の一つとして本書『共通価値』のレビューも含まれていたのである。恥ずかしいことに、初版出版後十年経つにもかかわらず私はそれまで本書の存在を知らずにいたが、レビューを一読してその内容に惹かれ、原書をすぐに入手してその意義を確信するに至った。共同研究のメンバーであった石川求氏（首都大学東京教授）を介して、レビューを執筆した宮川弘美を紹介していただき、宮川を訳者として、私が監訳を務めるということで翻訳の作業がスタートした。同じく共同研究のメンバーであった牧野英二氏（法政大学教授）には法政大学出版局という、ボクの訳書をすでに二冊刊行している、本書を出すに最もふさわしい出版社を紹介していただき、秋田公士、五味雅子両氏に編集の労を執っていただけることになった。これらの方々をはじめとして、共同研究を通して知り合った多くの方々の御助力なしには本訳業はなしえなかった。伏して御礼申し上げたい。

訳者の宮川弘美は、正確かつ読みやすい翻訳を追求して苦労を重ねてくれた。私は専門家の立場からそれをチェックしていったが、訳語の選定や原文の解釈等をめぐって対立し、果てしなく議論を繰り返したこともしばしばであった。例えば、倫理学を専門とする者としては moral（名詞）と morality はどうしても訳し分けたくなるが、検討を重ねた結果、最終的にはいずれも「道徳」と訳すことにした。また、近年 ethics と ethic を使い分けることが増えてきているが(global ethics と言わずに global ethic と呼ぶなど)、ボク自身はethicという語は基本的に用いていないので（引用文や引用タイトルの中に出てくるだけ）、両者を訳し分けることはしなかった。それよりも、ethicsにはほとんどの場合「倫理」という訳語を当てたが、文脈によって「倫理学」と訳した場合もあることを断っておかなくてはならない。一番困ったのは、第二章から第三章にかけて繰り返し出て来るfoundation、ground、basisの三つである。このうちfoundationは、foundationalismが「基礎づけ主義」なので、それとの関連で「基礎」ないし「基礎づけ」と訳すことで結着がついたが、groundとbasisにはいかなる訳語を当てるか最後まで苦慮した。ボクは、「象の下の亀」（＝無限背進）に陥ることのないgroundやbasisを探求しようとしているのだが、そのニュアンスをうまく伝えられる日本語がなかなか見当たらないのである。「根拠」とか「基本」という語が一番近いのかもしれないが、第二章や第三章の文脈の中では日本語としての据わりが悪かったのでそれらは断念し、「地盤」と「基盤」という訳語をそれぞれ当てることにした。「象の下の亀」を連想せずにそれらの語を読んでいただければと思う。なお、他の箇所では多くの場合groundを「根拠」と訳しており、また、形容詞のbasicには「基本的」の訳語を当てた。

いずれにせよ訳語や訳文の確定にあたって最終的な決断は監訳者が下した。誤訳やわかりにくい箇所も多々あると思うが、それらの責任はすべて小野原にある。御寛恕を願うとともに、お気づきの点をお知らせいただければ幸いである。

監訳者　小野原雅夫

著　者

シセラ・ボク（Sissela Bok）

スウェーデン生まれの哲学者．ブランダイス大学の哲学教授等を経て，現在はハーバード大学人口・開発研究センターの客員研究員．ウォーターゲート事件を機に書かれた『嘘の人間学』（TBS ブリタニカ，1982年），平和構築をたんなる理想主義の立場からではなく戦略的観点から論じた『戦争と平和 —— カント，クラウゼヴィッツと現代』（法政大学出版局，1990年），プライバシーや国家機密の保護と情報公開との危ういバランスを取り上げた『秘密と公開』（法政大学出版局，1997年）等がある．

監訳者

小野原雅夫（おのはら　まさお）

1993年法政大学大学院人文科学研究科哲学専攻博士課程単位取得退学．現在，福島大学人間発達文化学類准教授．『近世ドイツ哲学論考』（共著，浜田義文・牧野英二編，法政大学出版局，1993年），インゲボルク・マウス『啓蒙の民主制理論 —— カントとのつながりで』（共訳，浜田義文・牧野英二監訳，法政大学出版局，1999年），「平和の定言命法と平和実現のための仮言命法」（日本カント協会編『日本カント研究 7 —— ドイツ哲学の意義と展望』，理想社，2006年），他．

訳　者

宮川弘美（みやがわ　ひろみ）

2004年東京都立大学大学院人文科学研究科哲学専攻博士課程単位取得退学．「集合と性質」（都立大学哲学会『哲学誌』44号，2002年）．エドワード・ケーシー『場所の運命 —— 哲学における隠された歴史』（共訳，新曜社，2008年）．

《叢書・ウニベルシタス 897》
共通価値——文明の衝突を超えて

2008年 9 月11日　初版第 1 刷発行

シセラ・ボク
小野原雅夫監訳／宮川弘美訳
発行所　財団法人　法政大学出版局
〒102-0073 東京都千代田区九段北3-2-7
電話03(5214)5540 振替00160-6-95814
組版・印刷：平文社　製本：鈴木製本所

Printed in Japan

ISBN978-4-588-00897-9

事項索引

た行

な行

は行

人名索引

ア行

アイゼンハワー（Eisenhower, Dwight D.） 131

アインシュタイン（Einstein, Albert） 62

アウグスティヌス（Augustine of Hippo, St.） 114, 135

アウン・サン・スーチー（Aung San Suu Kyi） 8

アクィナス（Aquinas, Thomas） 57, 93, 114, 135

アナン（Annan, Kofi） x

アミン（Amin, Idi） 152

アロー（Arrow, Kenneth） 29

ヴィトゲンシュタイン（Wittgenstein, Ludwig Josef Johann） 59

ウィリアムズ（Williams, Bernard） 25, 32

ウォーノック（Warnock, Mary） 13

ウォルツァー（Walzer, Michael） 72–74

ヴォルテール（Voltaire） 70, 71

エラスムス（Erasmus, Desiderius） 10, 57, 110, 111, 114–127, 134, 135, 138, 139

エンツェンスベルガー（Enzensberger, Hans Magnus） 15

オニール（O'Neill, Onora） 21, 101

オリゲネス（Origenes, Adamantius） 114

カ行

カリギュラ（Caligula） 92

カール五世（Charles V, of Spain） 118

カールソン（Carlsson, Ingvar） 49

ガンディー（Gandhi, Mohandas） 61, 137

カント（Kant, Immanuel） 10, 57, 110, 111, 115, 116, 126–130, 131, 135, 136, 138, 139

ギアーツ（Geertz, Clifford） 58

キケロ（Cicero） 18, 93

キプリング（Kipling, Rudyard） 57

キュンク（Küng, Hans） 42, 44, 74

キリスト／イエス（Jesus Christ） 46, 48, 120, 123

キング（King, Martin Luther, Jr.） 61, 137, 140, 141, 173

ゲーツ（Gates, Henry Louis, Jr.） 14

ゲッペルス（Goebbles, Joseph） 92

ゲーテ（Goethe, Wolfgang von） 57

ケナン（Kennan, George） 134

孔子（Confusius） 19, 43

サ行

ザングウィル（Zangwill, Israel） 69

サン＝ピエール（Saint-Pierre, Abbé de） 110, 115, 125, 128

シジウィック（Sidgwick, Henry） 169–171

シュー（Shue, Henry） 165

シュヴァイツァー（Schweitzer, Albert） 156, 159, 161, 168, 170

シュクラー（Shklar, Judith） 67, 149, 150

シュタイナー（Steiner, Henry J.） 81

シュナイダー（Schneider, Herbert W.） 13, 53

シュレーゲル（Schlegel, K. W. F.） 62

ジョーンズ（Jones, Dorothy） 80, 162

ジョンソン（Johnson, Samuel） 35, 108

スティグリッツ（Stiglitz, Joseph） xi
ストローソン（Strawson, P. F.） 22
スピノザ（Spinoza, Benedict） 57
セン（Sen, Amartya） 40, 85, 87, 88
ソクラテス（Socrates） 57
ゾラ（Zola, Emile） 57
ソレル（Sorel, Georges） 57

タ行

ダーウィン（Darwin, Charles） 19, 78, 79, 83, 84
ダスグプタ（Dasgupta, Partha） 29
ダンヌンツィオ（D'Annunzio, Gabriele） 57
ツツ（Tutu, Desmondo Mpilo） x
ディケンズ（Dickens, Charles） 155
ディドロ（Diderot, Denis） 97, 98
デカルト（Descartes, René） 93
テルトゥリアヌス（Tertullian） 114
トゥキュディデス（Thucydides） 9, 112, 113
トルストイ（Tolstoy, Lev Nikolayevich） 132
トルーマン（Truman, Harry） 131

ナ行

ナイチンゲール（Nightingale, Florence） 159
ニーチェ（Nietzche, Friedrich） 57

ハ行

バイロン（Byron, Lord） 62
ハヴェル（Havel, Václav） 8, 76, 133
パターソン（Patterson, Orlando） 50
ハート（Hart, H. L. A.） 65, 74
バーリン（Berlin, Isaiah） 90–92, 103, 104, 107, 109
バンダ（Benda, Julien） 8, 56–58, 60, 61, 63, 68, 75, 80
ハンプシャー（Hampshire, Stuart） 66, 69, 71, 72, 74, 75
ヒトラー（Hitler, Adolf） 158
ヒューム（Hume, David） 148, 149
ヒレル（Hillel） 19, 43
フランクリン（Franklin, John Hope） 15
プリチャード（Prichard, H. A.） 104
ブローマン（Brauman, Rony） 161
ヘーゲル（Hegel, G. W. F.） 115
ペン（Penn, William） 115
ベンサム（Bentham, Jeremy） 41, 115
方励之（ほうれいし）（Fang Lizhi） 164, 165
ホッブズ（Hobbes, Thomas） 127, 129
ホメロス（Homer） 70, 113
ポワリエ（Poirier, Jean） 64

マ行

マーティン（Martin, Ian） 162
マキアヴェリ（Machiavelli, Niccolò） 118
マルクス（Marx, Karl） 136
ミッジリー（Midgley, Mary） 19
ムーア（Moore, G. E.） 104
毛沢東（Mao Zedong） 135
モノー（Monod, Jacques） 62
モーラス（Maurras, Charles） 57

ヤ行

ヨハネ・パウロ２世（教皇）（John Paul II, Pope） 7, 38, 45–48

ラ行

ライプニッツ（Leibniz, G. W. von） 115
ランファル（Rampal, Shridath） 49
リーニング（Leaning, Jennifer） 168
ルソー（Rousseau, Jean- Jacques） 98, 115
レヴィ＝ストロース（Lévi- Strauss,

原　注

序　論

1)　The Commission on Global Governance, *Our Global Neighborhood* (Oxford: Oxford University Press, 1995), 21.〔『地球リーダーシップ――新しい世界秩序をめざして　グローバル・ガバナンス委員会報告書』日本放送出版協会，1995 年〕

2)　Michael Renner, *Critical Juncture: The Future of Peacekeeping* (Washington, D. C.: Worldwatch Institute, 1993), 9.

3)　"Effective Humanitarian Aid," editorial, *Journal of the American Medical Association* 270, no. 5 (1993): 632.

4)　国連開発プログラムの責任者ジェームズ・グスタフ・スペスが，1995 年 3 月 6 日に国連の世界社会開発サミットで行った講演から。引用は，Barbara Crossette, "U. N, Parley Ponders How to Stretch Scarce Aid Funds," *New York Times*, March 7, 1995, A6 から。

5)　国連の世界社会開発サミットで行われた，ジェームズ・スペス及びブートロス・ブートロス・ガリ国連事務総長による行動への訴えから。同上。

6)　Sissela Bok, *A Strategy for Peace*: *Human Values and the Threat of War* (New York: Pantheon Books, 1989), 25〔シセラ・ボク，大沢正道訳『戦争と平和――カント，クラウゼヴィッツと現代』法政大学出版局，1990 年〕を見よ。

第 1 章　文化的多様性と共通価値

1)　Schneider, *Morals for Mankind* (Columbia: University of Missouri Press, 1960), 55; Warnock, *The Uses of Philosophy* (Oxford: Blackwell, 1992), 85.

2)　"Living Together: For a Humanism That Cares to Speak Its Mind," *New York Times*, March 24, 1994.

3)　John Hope Franklin, *The Color Line: Legacy for the Twenty-First Century* (Columbia: University of Missouri Press, 1993), 74.

4)　Hans Magnus Enzensberger, *Civil Wars* (New York: New Press, 1994), 66–71. エンツェンスベルガーは，たしかにあらゆる所でほとんどのひとが迫害，拷問といった生命への脅威，無法状態から逃れたいと望む――「文明の最小限の必要条件」を構成する自由を望む――だろうと認めてはいるが，人間性の歴史を振り返りながら，この最小限の必要条件が達成されたのは「例外的かつ一時的にすぎなかった」としている（138）。現在ではむしろ，広がりつつある内戦に参加しているすべてのひとの特徴が真の「共通の一般的特徴」である，と彼は見る。その特徴とは，加担する側のひとの自閉的性質，つまり，破壊と自己破壊との区別ができないこと，および，暴力を正当化するいかなる必

要性もないと考えることにある（20），と述べている。

5） Cicero, *De Officiis (Of Duties)* (44B. C.), book 1.〔キケロー，中務哲郎他訳『キケロー選集 9』岩波書店，1999 年，泉井久之助訳『義務について』岩波文庫，1961 年〕

6） アショーカ王の第二の小石柱の布告は次のように続く。「同様に，あらゆる生き物への尊重が断固たる原理とされねばならない。真実が語られねばならない。」Radhakumud Mookerji, *Asoka* (Delhi: Motilal Banarsidass, 1962), 116.

7） Mary Midgley, “The Origin of Ethics,” in Peter Singer, ed., *A Companion to Ethics* (Oxford: Blackwell, 1990), 3–13, at 10–11. 以下も見よ。George Silberbauer, “Ethics in Small-Scale Societies,” ibid., 14–28.

8） “The Origin of Ethics,” 10. Charles Darwin, *The Descent of Man* (1859; Princeton: Princeton University Press, 1981), 106.〔チャールズ・ダーウィン，池田次郎他訳「人類の起原」『世界の名著 50』中央公論社，1979 年，長谷川眞理子訳「人間の進化と性淘汰」『ダーウィン著作集 1，2』〕ダーウィンとミッジリーの見解についての議論，および，倫理の起源についての議論は，以下も見よ。Peter Singer, *The Expanding Circle* (New York: Farrar, Strauss, Giroux, 1981).

9） 以下における黄金律についての私の記述を見よ。*The Oxford Companion to Philosophy*, ed. Ted Honderich (Oxford: Oxford University Press, 1995), 321.

10） 以下を見よ。*A Strategy for Peace: Human Values and the Threat of War* (New York: Pantheon Books, 1989), chaps. 2 and 4.

11） Onora O’Neil, *Construction of Reason: Exploration of Kant’ s Practical Philosophy* (Cambridge: Cambridge University Press, 1989), 215–18.

12） 以下を見よ。Richard H. Underwood, “False Witness: A Lawyer’s History of the Law of Perjury,” *Arizona Journal of International and Comparative Law* 10 (1993): 215–52.

13） Arnold Brecht, *Political Theory* (Princeton: Princeton University Press, 1959), 389, 396. 幼児期における公平性と道徳性の概念の発展についての議論は，以下を見よ。Jean Piaget, *The Moral Judgment of the Child* (London: Kegan, Paul, Trench, Trubner and Co., 1932).〔ジャン・ピアジェ，大伴茂訳『臨床児童心理学〈第 3〉児童道徳判断の発達』同文書院，1977 年〕

14） P. F. Strawson, “Social Morality and Individual Ideal,” in G. Wallace and A. D. M. Walker, eds., *The Definition of Morality* (London: Methuen and Co., 1970), 101–3, 111.

15） Swami Vivekananda, *Raja-Yoga or Conquering the Internal Nature* (Mayavati, Almora, Himalayas: Advaita Ashrama, 1937), 21.〔日本ヴェーダーンタ協会訳『ラージャ・ヨーガ』日本ヴェーダーンタ協会，1997 年〕

16） Walpola Sri Rahula, *What the Buddha Taught* (New York: Grove Press, 1974), 48.

17） ミニマリズム的諸価値に言及する際，私は幾人かの現代の思想家に依拠

している。第二章で示した議論内容と書誌を参照せよ。

18) Sissela Bok, *Secrets: On the Ethics of Concealment and Revelation* (New York: Pantheon Books, 1982).〔シセラ・ボク，大澤正道訳『秘密と公開』法政大学出版局，1997 年〕; A Strategy for Peace, chaps. 2 and 4.

19) Bernard Williams, *Morality: An Introduction to Ethics* (New York: Harper and Row, 1972), 4.

20) 現代の環境に照らして諸価値を眺める必要があるとする見解について，以下を見よ。Hans Jonas, *The Imperative of Responsibility: In Search of an Ethics for the Technological Age* (Chicago: University of Chicago Press, 1984).〔ハンス・ヨナス，加藤尚武監訳『責任という原理――科学技術文明のための倫理学の試み』東信堂，2000 年〕

21) 最小限の諸価値がどのようにして特徴的に道徳の発展の基礎を形成し，またしたがって，「より洗練され豊かな形態を呈する」のかをめぐる議論については，以下を見よ。Strawson, "Social Morality," 113–18.

22) 以下で，私は人口政策に関する道徳的問題との関わりからマクシマリズム的アプローチとミニマリズム的アプローチについて論じておいた。"Population and Ethics: Expanding the Moral Space," in Gita Sen, Adrienne Germain, and Lincoln Chen, eds., *Population Policies Reconsidered: Health, Empowerment, and Rights* (Cambridge: Harvard Series on Population and International Health, 1994), 15–26.

23) K. Arrow, *The Limits of Organization* (New York: Norton, 1974), chap. 4.〔K. アロー，村上泰亮訳『組織の限界』岩波書店，1999 年〕; P. Dasgupta, "Trust as a Commodity," in D. Gambetta, ed., *Trust: Making and Breaking Cooperative Relations* (Oxford: Blackwell, 1988), 49–72. 以下も見よ。Bok, *A Strategy for Peace*, chap. 2, and "Can Lawyers Be Trusted?," *University of Pennsylvania Law Review* 138 (January 1990): 913–33.

24) *Lying: Moral Choice in Public and Private Life* (New York: Pantheon Books, 1978), 26.〔シセラ・ボク，古田暁訳『嘘の人間学』TBS ブリタニカ，1982 年〕

25) 以下を見よ。Bok, *A Strategy for Peace*, introduction, and "Can Lawyers Be Trusted?," 919–20.

26) 以下を見よ。Amélie Oksenberg Rorty, "The Advantages of Moral Diversity," *Social Philosophy and Policy* 9:2 (1992): 38–62.

27) Bernard Williams, "Left-Wing Wittgenstein, Right-Wing Marx," *Common Knowledge* 1 (spring 1992): 37.

28) 医学の分野における嘘や，他の職業的および個人的背景における嘘に関する議論については，拙著 *Lying* を見よ。

29) Claude Lévi-Strauss, *Structural Anthropology* (1958; Chicago: University of Chicago Press, 1976), 2:362.〔クロード・レヴィ＝ストロース，荒川幾男他訳『構造人類学』みすず書房，1972 年〕以下も見よ。Adam Kuper, *The Chosen Primate:*

Human Nature and Cultural Diversity (Cambridge: Harvard University Press, 1994).

30) 抽象的な価値の役割と文脈についての議論は，以下を見よ。Martha Nussbaum, "Valuing Values: A Case of Reasoned Commitment," *Yale Journal of Law and the Humanities* 6: 2 (summer 1994): 197–217.

31) Samuel Johnson, *The Rambler* (1750; New York: Dutton, Everyman's Library, 1957), 31.

32) Ibid.

33) これらの問題に関するいくつかの議論については，以下を見よ。Zygmunt Bauman, *Postmodern Ethics* (Oxford: Blackwell, 1993); Tom L. Beauchamp and James F. Childress, *Principles of Biomedical Ethics*, 4th ed. (Oxford: Oxford University Press, 1994)〔トム・L. ビーチャム，ジェイムズ・F. チルドレス，永安幸正他監訳『生命医学倫理』成文堂，1997 年〕; William J. Bennett, *The Book of Virtues* (New York: Simon and Schuster, 1994)〔ウィリアム・J. ベネット，柴田裕之訳『不思議な翼――優しさと勇気と夢を運ぶ大人の童話集』実務教育出版, 1999 年〕; Richard B. Brandt, *Ethical Theory* (Englewood Cliffs, N. J.: Prentice Hall, 1959); Alan Donagan, *The Theory of Morality* (Chicago: University of Chicago Press, 1977); Richard Garner, *Beyond Morality* (Philadelphia: Temple University Press, 1994); Bernard Gert, *Morality: A New Justification of the Moral Rules* (Oxford: Oxford University Press, 1988); Alan Gewirth, *Reason and Morality* (Chicago: University of Chicago Press, 1978); Frances V. Harbour, "Basic Moral Values: A shared Core," *Ethics and International Affairs* 9 (1995): 155–70; Martha Nussbaum, *The Fragility of Goodness: Luck and Ehics in Greek Tragedy and Philosophy* (Cambridge: Cambridge University Press, 1986)〔マーサ・ヌスバウム，高橋久一郎訳「幸福な生活の傷つきやすさ」『現代思想』27 (9)，1999 年 8 月号（第 11 章の抄訳)〕, Gene Outka and John P. Reeder, Jr., eds., *Prospects for a Common Morality* (Princeton: Princeton University Press, 1993), Warnock, *Uses of Philosophy*; James Q. Wilson, *The Moral Sense* (New York: Free Press, 1993).

34) 以下を見よ。Amartya Sen, "Freedom and Needs," *New Republic*, January 10 and 17, 1994, pp. 31–38. 以下も参照のこと。Kim Dae Jung, "Is Culture Destiny? The Myth of Asia's Anti-Democratic Values," *Foreign Affairs*, (November/ December 1994): 189–94.

35) "Vienna Declaration of Human Rights," I. 10, *Population and Development Review* 19:4 (December 1993): 878.〔広部和也他編集『解説条約集 2006』三省堂，2006 年，抄録〕

36) "Universal Declaration of Human Rights," United Nations, 1948, reaffirmed at Vienna in 1993, article 24.〔広部和也他編集『解説条約集 2006』三省堂，2006 年，全録〕

37) "Vienna Declaration on Human Rights," I. 5.

38) Jeremy Bentham, "A Critical Examination of the Declaration of Rights," in Bhiku Parekh, ed., *Bentham's Political Thought* (London: Croom, Helm, 1973).

39) このような区別については，以下を見よ。John Rawls, "The Law of Peoples," in Stephen Shute and Susan Hurley, eds., *On Human Rights: The Oxford Amnesty Lectures 1993* (New York: Basic Books, 1993), 41–82.〔ジョン・ロールズ「万民の法」，S. シュート，S. ハーリー編，中島吉弘他訳『人権について』みすず書房，1998年)〕

40) "Towards a Global Ethic," Council for a Parliament of the World's Religions, 1993, title page.〔吉田収訳『地球倫理宣言』世界聖典刊行協会，1995年〕

41) Hans Küng, *Global Responsibility: In Search of a New World Ethic* (New York: Crossroad Publishing Co., 1991). 共通価値に関する他の見解についてのキュンクの立場を論じたものとしては，以下を参照せよ。Rushworth M. Kidder, *How Good People Make Tough Choices* (New York: William Morrow and Co., 1995).

42) "Towards a Global Ehic," 1.

43) Ibid., 5.

44) Ibid.

45) Ibid., 5–9.

46) Ibid., 7, 9.

47) 「もし私たちの世界が1000人の村だったら，329人のキリスト教徒，174人のイスラム教徒，131人のヒンドゥー教徒，61人の仏教徒，52人のアニミスト，3人のユダヤ人，34人が他の宗教の信徒で，216人はいかなる宗教ももたない」(World Development Forum, 1992, *Encyclopedia Britannica Book of the Year*)。

48) 仮に，世俗的な代表もこの宣言の起草準備に参加していたなら，グローバル・エシックに基盤を与えうる核となる共通価値群が世界の宗教の教えのうちに見出されるべきだ，という主張は不完全であるとして，やはり異議を唱えていただろう。例えば，それらの価値は世俗的なテクストにも見出されるべきだということや，それらの価値は世界の宗教がまさに定式化される以前に明示されていたということが，なぜ付け加えられないのか。何かが正しいのは，神がそれを正しいと宣したからなのか，それとも，他の根拠に基づきその正しいことが証明されうるから，神はそれを正しくあるべきだと宣するのか。古くからあるこの論争においては，少なくともどちらか一方の立場の存在を認知しないまま，残る一方の立場を断罪してしまわないことが重要である。

49) Pope John Paul II, *Veritatis Splendor, Origins*, 23, October 14, 1993, p. 299.

50) Ibid., 313; 329–30も見よ。

51) Ibid., 300. イエスは次のように付け加えている。「また，隣人を自分のように愛せ」。これは，「愛」や「隣人」をどのように解釈するかによって，ミ

ニマリズム的意味とマクシマリズム的意味のいずれも与えられうる言明である。

52) Ibid., 325.

53) Ibid., 302.

54) Ibid., 321.

55) The Commission on Global Governance, *Our Global Neighborhood* (Oxford: Oxford University Press, 1995), chap. 1.

56) Orlando Patterson, *Freedom*, vol. 1: *Freedom in the Making of Western Culture* (New York: Basic Books, 1991), x.

57) *Global Neighborhood*, 57.

58) Ibid.

59) 人権と，それに対応する責任についての最も一般的な主張に対する批判に関しては，以下を見よ。O'Neil, *Constructions of Reason*, 187–205; Rawls, "The Law of Peoples," in Shute and Hurley, eds., *On Human Rights*, および，本書の残りの数章。Amartya Sen, "Freedom and Needs."

第２章　共通倫理の探求

1) Julien Benda, *La Trahison des clercs* (The betrayal of intellectuals) (Paris: Bernard Grasset, 1927), translated by Richard Aldington as *The Betrayal of the Intellectuals* (Boston: Beacon Press, 1955), 26.〔引用者による英訳を邦訳〕

2) *Trahison*, 54, 64. 1946 年に再版されたフランス語版中の「聖職者の価値」に付された補遺も見よ。

3) 衰退をもたらす熱情としてバンダの掲げているリストには，女性に対する彼自身の激しい非難の感情は挙げられていない。彼は女性を真に理性的思考のできないものとして，また，彼の反対する熱情と非合理主義を体現したものとして捉えている。

4) これらの動きに関するバンダの後の見解については，以下を見よ。R. Nichols, *Treason, Tradition, and the Intellectual: Julien Benda and Political Discourse* (Lawrence: University Press of Kansas, 1978), および，Jean Sarochi, *Julien Benda: Portrait d'un intellectuel* (Paris: A. G. Nizet, 1968)。

5) Richard Rorty, *Contingency, Irony, and Solidarity* (New York: Cambridge University Press, 1989), 8.〔リチャード・ローティ，齋藤純一他訳『偶然性・アイロニー・連帯――リベラル・ユートピアの可能性』岩波書店，2000 年〕

6) Clifford Geertz, Local Knowledge (New York; Basic Books, 1983), 4.〔クリフォード・ギアーツ，梶原景昭他訳『ローカル・ノレッジ――解釈人類学論集』岩波書店，1999 年〕

7) 今世紀における人権についての論争史の詳細は，以下を見よ。Dorothy V. Jones, *Code of Peace: Ethics and Security in the World of the Warlord States* (Chicago:

University of Chicago Press, 1989), 160. 現代の人権の危機に対する様々な反応については，以下を見よ。Stephen Shute and Susan Hurley, eds., *On Human Rights: The Oxford Amnesty Lectures 1993* (New York: Basic Books, 1993).

8) 以下を見よ。Ian Martin, "The New World Order: Opportunity or Threat for Human Rights?" lecture, April 14, 1993, Harvard Law School Human Rights Program.

9) バイロンが彼の『書簡集』でシュレーゲルについて述べている箇所を見よ。George G. Byron, *Letters and Journals* (Cambridge: Harvard University Press, 1978), 8:38. K. W. Friedrich Schlegel, *History of Literature* (Edinburgh, 1818).

10) Otto Nathan and Heinz Norden, *Einstein on Peace* (New York: Schocken Books, 1960), 407.〔アルベルト・アインシュタイン，O. ネーサン他編，金子敏男訳『アインシュタイン平和書簡』みすず書房，1974–1977 年〕私は，この章の下敷きとなったもともとの論考で，アインシュタインが新たな思考方法を主張したことに言及していたのだが，アマルティア・センはそれに対する寸評で，次のように説得力をもって論じている。「現代世界に生きる人間の相互依存と，国境を越えた協働，例えば環境保護といった分野での協働において近年見られるいくつかの例は，……たしかに旧式の思考法からの何らかの脱却を擁護することや，そうした脱却の可能性を示すものである」(Amartya Sen, "Three Questions," *Common Knowledge* 1 [winter 1992]: 25)。私はセンの見解にまったく賛成である。しかし，古い思考法ということで政治討議の旧式のスタイルも含めるとすると，これをアインシュタインが提起したように無条件に斥けることは，期待された何らかの思考の転換が起こらなければ，もしくは，そうした転換が起こるまでは，すでにあらゆる政治的プロセスから手を引く傾向にある多くのひとの態度をますます助長することになる。だとすると，旧式の思考法を拒絶することは，また別の引き延ばし戦術，すなわち，アインシュタインが言及したように様々な危険を抽象的に認識する一方で，それらを実際には無視し続けるという，また別の引き延ばし戦術であることになる。

11) Jacques Monod, *Chance and Necessity* (New York: Alfred A. Knopf, 1971), 176–80.〔ジャック・モノー，渡辺格他訳『偶然と必然――現代生物学の思想的な問いかけ』みすず書房，1972 年〕

12) Jean Poirier, ed., *Histoire des mœurs* (Paris: Editions Gallimard, La Pléiade, 1990), 1399. 異文化間のコミュニケーションと理解の問題に関する最近の哲学的議論については，以下を見よ。Barry Smith and Tadashi Ogawa, eds., *Cultural Universals, The Monist* 78 (January 1995).

13) H. L. A. Hart, *The Concept of Law* (Oxford: Clarendon Press, 1961), 186.〔ハーバート・ハート，矢崎光圀監訳『法の概念』みすず書房，1976 年〕

14) Ibid., 187.

15) Stuart Hampshire, *Innocence and Experience* (Cambridge: Harvard University Press,

1989), 90.

16)　この問いかけには，はるか以前にその先例がある。本書の第一章と第四章を見よ。こうした問題を取り上げている現代の研究としては，以下を見よ。Hampshire, *Innocence and Experience*; Jones, *Code of Peace*; Hans Küng, *Projekt Weltethos* (Munich: Piper, 1990); Mary Maxwell, *Morality among Nations: An Evolutionary View* (Albany: State University of New York Press, 1990); Martha Nussbaum, "Aristotelian Social Democracy," in R. B. Douglass et al., *Liberation and the Good* (New York: Routledge, 1990); Thomas Pogge, *Realizing Rawls* (Ithaca: Cornell University Press, 1989), 219–28; Michael Walzer, "Moral Minimalism," in William R. Shea and Antonio Spadafora, eds., *From the Twilight of Probability: Ethics and Politics* (Canton, Mass.: Science History Publications, 1992).

17)　Judith Shklar, *The Faces of Injustice* (New Haven: Yale University Press, 1990).

18)　*Innocence and Experience*, 32–33.

19)　Ibid., 14.

20)　Le Philosophe ignorant (1767), in *Voltaire: Mélanges* (Paris: Bibliothèque de la Pléiade, 1965), 913.〔引用者による英訳を邦訳〕ヴォルテールは，借りることに関するこうした普遍的な見解が受け入れられていることについて，もちろん例外はありうると続けている。すなわち，そうすることによって害悪が生じると信じるに足る理由がある場合，例えば，「私が 200 万を返すべき相手が，その金でその本人の自国を奴隷化するであろうような場合」である。

21)　*Innocence and Experience*, 32–33.　以下も見よ。Robert M. Adams, "Religious Ethics in a Pluralistic Society, in Gene Outka and John P. Reeder, Jr., eds., *Prospects for a Common Morality* (Princeton: Princeton University Press, 1993), 53–72.

22)　Walzer, "Moral Minimalism," 9.

23)　Ibid., 10.

24)　Hans Küng, *Projekt Weltethos*, chap. 2.

25)　Václav Havel, Commencement Address, Harvard University, June 8, 1995, reprinted in *Harvard Gazette*, June 15, pp. 9–10.

26)　*Oxford English Dictionary*, *Webster's Third New International Dictionary*.

27)　Charles Darwin, *The Descent of Man* (1859; Princeton: Princeton University Press, 1981), 101.

28)　Dorothy Jones, *Code of Peace*, 161–62.

29)　Henry J. Steiner, "Political Participation as a Human Right," *Harvard Human Rights Yearbook* 1 (spring 1988): 82.

30)　以下を見よ。Hilary French, "After the Earth Summit: The Future of Environmental Governance," Worldwatch Paper 107, March 1992, Table 1, "International Environmental Governance: Some Notable Accomplishments and Remaining Challenges."

31) Amartya Sen, "Three Questions," 26.

32) Ibid.

第3章 道徳の基盤とは何か

1) バーリンによって引用された，ある「優れた著述家」とは，ジョーゼフ・シュンペーターのことである。この一節に関する注解は，Richard Rorty, *Contingency, Irony and, Solidarity*, (New York: Cambridge University Press, 1989) 45–52，および，Michael Sandel, ed., *Liberalism and Its Critics* (New York: New York University Press, 1984), 8 を見よ。

2) 認識論における基礎づけ主義に関する最近の議論については，Louis P. Pojman, *The Theory of Knowledge: Classical and Contemporary Readings* (Belmont, Calif.: Wadsworth Publishing Co., 1993), part 5 に所収の "Theories of Justification (I) Foundationalism and Coherentism" の Louis P. Pojman による序説，および，そこで取り上げられている Robert Audi, Laurence Bonjour, Richard Fumerton らによる各論を見よ。倫理学における基礎づけ主義と正当化に関する議論については，*The Monist* 76:3 (1993) に掲載された "Justification in Ethics" の "General Topic" に関する諸論文を見よ。基礎および基礎づけ主義に関するもっと一般的な議論については，以下を見よ。Iris Murdoch, *Metaphysics as a Guide to Morals* (New York: Allen Lane, Penguin Press, 1992), 185–216; John P. Reeder, Jr., "Foundations without Foundationalism," in Gene Outka and John P. Reeder, Jr., eds., *Prospects for a Common Morality* (Princeton: Princeton University Press, 1993), 191-214; Tom Rockmore and Beth J. Singer, eds., *Antifoundationalism Old and New* (Philadelphia: Temple University Press, 1992); R. Rorty, *Essays on Heidegger and Others* (Cambridge: Cambridge University Press, 1991), 10–11; Reiner Schürmann, *Heidegger on Being and Acting: From Principles to Anarchy* (Bloomington: Indiana University Press, 1990), 1–7, 35.

3) Cicero, *De Re Publica, III* (57 B. C.), xxii, 33.〔キケロー，岡道男訳「国家について」『哲学1〈キケロー選集 8–12〉』岩波書店，1999–2002 年〕; Thomas Aquinas, *Summa Theologica* (1272), II, I, question 90–94.〔トマス・アクィナス，高田三郎訳『神学大全 13』創文社，1960 年〕

4) こうした論証の例としては，以下を見よ。Barbara Herrnstein Smith, *Contingencies of Value: Alternative Perspectives for Critical Theory* (Cambridge: Harvard University Press, 1988), 150 *et seq.* これらについての説得力ある論評および関連した主張については，以下を見よ。Judith Wagner DeCew, "Moral Conflicts and Ethical Relativism," *Ethics* 101 (October 1990): 27–41.

5) *An Essay Concerning Human Understanding* (1689), book 2, chap. XXIII, sec. 2.〔ジョン・ロック，大槻春彦訳『人間知性論』岩波文庫，1972–1977 年〕

6) *Lettres sur les aveugles, in Oeuvres philosophiques* (1749; Paris: Garnier, 1956) , 120.

〔野沢協他訳『ディドロ著作集1　哲学Ⅰ』法政大学出版局，1980年，引用箇所はボクの英訳から邦訳〕

7）*Julie ou La Nouvele Heloise* (1761), part III, letter XX.〔ジャン・ジャック・ルソー，安士正夫訳『新エロイーズ』全四冊，岩波文庫，1971年，引用箇所はボクの英訳から邦訳〕啓蒙主義の時代における道徳の基礎づけ問題をめぐってフランス哲学界で展開された議論については，以下を参照せよ。Jacques Domenech, *L' Ethique des lumières: Les fondements de la morale dans la philosophie française du XVIIIè siècle* (Paris: Librairie J. Vrin, 1989). 近年の議論については，以下に所収の諸論文を見よ。Jean-Pièrre Changeux, ed., *Fondements Naturels de l' éthique* (Paris: Edition Odile Jacob, 1993).

8）ギリシア語の *basis*〔βάσις〕は，歩くこと，歩み，歩行，その上にひとが歩くもの，地面，台。

9）*Constructions of Reason: Explorations of Kant's Practical Philosophy* (Cambridge: Cambridge University Press, 1989), 194. 以下も参照せよ。John Rawls, *A Theory of Justice* (Cambridge: Harvard University Press, 1971)〔ジョン・ロールズ，矢島鈞次監訳『正義論』紀伊國屋書店，1979年〕, *Political Liberalism* (New York: Columbia University Press, 1993).

10）G. E. Moore, *Principia Ethica* (Cambridge: Cambridge University Press, 1903)〔ジョージ・E. ムーア，深谷昭三訳『倫理学原理』三和書房，1982年〕; W. D. Ross, *The Right and the Good* (Oxford: Clarendon Press, 1930) and *Foundations of Ethics* (Oxford: Clarendon Press, 1939); H. A. Prichard, *Moral Obligation* (Oxford: Oxford University Press, 1949).

11）*The Right and the Good*, 29–30.

12）以下を見よ。S. Bok, "Who Shall Count as a Human Being?" in Michael Goodman, ed., *What Is a Person?* (Clifton, N. J. : Humana Press, 1988), 213–28.

13）*The Crooked Timber of Humanity* (New York: Alfred A. Knopf, 1991) 14, 18.〔アイザイア・バーリン，福田歓一他訳「曲げられた小枝――ナショナリズムの勃興について」『理想の追求　バーリン選集4』岩波書店，1992年〕

14）人間の欲求に基づいた人間の条件という見解については，以下を見よ。Bernard Williams, *Ethics and the Limits of Philosophy* (Cambridge: Harvard University Press, 1985), 152–53.〔バナード・ウィリアムズ，森際康友他訳『生き方について哲学は何が言えるか』産業図書，1993年〕

15）*The Rambler* (1750; New York: Dutton, Everyman's Library, 1957), 151.

第4章　永久平和の擁護者

1）この立場に最も寄与したエラスムスの著作については，後述の本章註2)，4)，6）を参照のこと。以下も参照せよ。Edwin D. Mead, ed., *The Great Design of Henry IV from the Memoirs of the Duke of Sully* (1559–1641; Boston: Ginn and Co.,

1909); William Penn, "An Essay Towards the Present and Future Peace of Europe" (1693), in Fredrick B. Tolles and E. Gordon Alderfer, eds., *The Witness of William Penn* (New York: Macmillan and Co., 1957), 140–59; Abbé de Saint-Pierre, *Selections from the 2nd Edition of the Abrégé du Projet de Paix Perpétuelle* (1712; London: Sweet and Maxwell, 1927); Immanuel Kant, "Perpetual Peace: A Philosophical Sketch" (1795), in Hans Reiss, ed., *Kant's Political Writings* (Cambridge: Cambridge University Press, 1970), 93–130〔イマヌエル・カント，遠山義孝訳「永遠平和のために」『カント全集 14』岩波書店，2000 年，中山元訳『永遠平和のために／啓蒙とは何か』光文社古典新訳文庫，2006 年〕; Jeremy Bentham, "Essay on Universal Peace. Essay IV. A Plan for a Universal and Perpetual Peace" (1789, first published in 1843), in Charles W. Everett, ed., *Jeremy Bentham* (London: Weidenfeld and Nicolson, 1966), 195–229; Gottfried Wilhelm Leibniz, "Observation sur le projet d'une paix perpétuelle de M. l'abbé de St. Pierre," in L. Dutens, ed., *Opera Omnia* (Geneva, 1768), vol.5; Jean-Jacques Rousseau (editing and commenting upon the work of the Abbé de Saint-Pierre), *A project of Perpetual Peace* (1782), trans. Edith M. Nuttall (London: Richard Cobden-Sanderson, 1927)〔ジャン - ジャック・ルソー，宮治弘之訳「永久平和論抜粋と批判」『ルソー全集第 4 巻』白水社，1978 年〕; Friedrich Hegel, *Philosophy of Right* (1821), trans. T. M. Knox (Oxford: Clarendon Press, 1958), 208–16.〔フリードリッヒ・ヘーゲル，藤野渉他訳『法の哲学』中央公論社，2001 年，上妻精他訳『ヘーゲル全集 9 a，b』岩波書店，2000, 2001 年〕

2) 1515 年に出版された『格言集』の新版に収められた「戦争は，それを経験したことのない者にとっては甘いもの」は大幅に加筆されている。次を見よ。Margaret Mann Phillips, ed., *The Adages of Erasmus: A Study with Interpretations* (Cambridge: Cambridge University Press, 1964), 308–53.

3) 1516 年には，フランスとスイスがフリブール条約を締結し〔当時フランスは，スイス盟約者団とミラノをめぐって戦争状態にあった。フリブール条約は，これを終結させるために締結された〕，「永遠平和《ラ・ペ・ペルペチュエル》」と呼ばれる状態がフランス革命まで続いた。この前年，ヘンリー八世〔1491–1547 年。イングランド王。在位 1509–47 年〕は，フランスと「恒久」平和条約を結んだが，その平和ははるかに短命に終わった。こうした状況にもかかわらず，この時期の二，三年の間，エラスムス，トマス・モアをはじめ，他の人文主義者たちは，新たな政治秩序と文化秩序の形成をもたらすであろう平和の繁栄に希望を託した。

4) *The Education of a Christian Prince* (1516), trans. Lester K. Born (New York: Octagon Books, 1973).〔デジデリウス・エラスムス，片山英男訳「キリスト者の君主の教育」『エラスムス（宗教改革著作集 2）』教文館，1989 年〕

5) Ibid., 249.

6) *The Complaint of Peace* (1517; Boston: Charles Williams, 1813).〔デシデリウス・エラスムス，箕輪三郎訳『平和の訴え』岩波文庫，1963 年〕もっと新しい訳については，完訳ではないが，以下を見よ。“Peace Protests!” in Jose Chapiro, trans. *Erasmus and Our Struggle for Peace* (Boston: Beacon Press, 1950), 131–84. エラスムスは 1523 年以降にある友人に宛てた手紙の中で，「ピースは死んで葬られ，生き返る見込みはまずないと思われるので，ピースの嘆きではなく，ただちにピースの墓碑銘を書く」ことを自分はしなければならない，と憤怒を込めて論じている（1813 年版の *Complaint of Peace* に付された翻訳者による序文iv頁から引用）。

7) *Education*, 249.

8) *Ibid.*, 250, 251.

9) 動物と人間を比較する場合，存在の系列では人間が動物の上位にある，とする伝統がある。多くの研究者と同じくキケロが論じているところでは，誤った二つの行動方法――力と嘘――はどちらも獣的である。「嘘はずる賢い狐に属し，力はライオンに属すると思われる。どちらもまったく人間にはふさわしくないが，嘘の方がより卑劣である」(*De Officiis* [*Of Duties*] 44 B. C., I, XIII)。マキアヴェリは，人間がこれらの点で狐とライオンから学ばねばならない，と論じるためだけにこの比較を受け入れている。反対に，エラスムスが示そうとしたのは，力と嘘は，人間がそれを行う規模や，そのために利用する手段のことを考えるならば，動物の場合とはまったく次元が異なるということ，また，人間の行為に見られるそれらの特徴を動物に帰するのは，動物に対する誹謗にすぎない，ということであった。

10) *Complaint of Peace*, 51.

11) Ibid., 79.

12) “Peace Protests!”, 173.

13) 以下を見よ。Marcel Bataillon, *Erasme et L'Espagne* (Paris: Librairie E. Droz, 1937), 2: 29 .

14) *Selections from the Abrégé du Projet de Paix Perpétuelle.* 以下も見よ。Rousseau, A Project of Perpetual Peace.

15) “Perpetual Peace” (1795) and “Idea for a Universal History with a Cosmopolitan Purpose” (1784)〔イマヌエル・カント，福田喜一郎訳「世界市民的見地における普遍史の理念」『カント全集 14』岩波書店，2000 年〕, in Reiss, ed., *Kant's Political Writings*, 93–130, 41–53.

16) “Perpetual Peace,” 103.

17) Ibid., 96.

18) Ibid., 114.

19) Ibid., 96.

20) カントの著作におけるこれらの抑制に関する議論と，国際関係でそれら

の抑制が果たす役割に関する議論については，以下を見よ。Sissela Bok, *A Strategy for Peace: Human Values and the Threat of War* (New York: Pantheon Books, 1989).

21) "Perpetual Peace," 108.

22) Dwight D. Eisenhower, "The Chance for Peace." 1953 年 4 月 16 日に米国新聞編集者協会で行われた講演から。Reprinted in Kenneth E. Alrutz et al., eds., *War and Peace*, Lynchburg College Symposium Readings, vol. 5 (Lanham, Md.: University Press of America, 1982), 621.

23) 以下を見よ。F. H. Hinsley, *Power and the Pursuit of Peace* (Cambridge: Cambridge University Press, 1963), 93–97.〔フランシス・ハリー・ヒンズリー，佐藤恭三訳「権力と平和の模索――国際関係史の理論と現実」1963 年（X）『専修法学論集第 96 号』，2006 年 3 月〕

24) カントは明確にこの標語を擁護した。とはいえ，嘘をつくことに関しては絶対的にこの立場を採っているものの，暴力に関してはそうではない。というのも，カントは自衛のための暴力を正当と見なしていたためである。以下を見よ。Sissela Bok, "Kant's Arguments in Support of the Maxim 'Do What Is Right Though the World Should Perish,'" *Argumentation* 2 (1988): 7–25, reprinted in David M. Rosenthal and Fadlou Shehadi, eds., *Applied Ethics and Ethical Theology* (Salt Lake City: University of Utah Press, 1988), 191–212.

25) "The Power of the Powerless," in Václav Havel et al, *The Power of the Powerless: Citizens against the State in Central-Eastern Europe* (London: Hutchinson, 1985), 39.

26) *The Nuclear Delusion* (New York: Pantheon Books, 1982).〔ジョージ・ケナン，佐々木坦他訳『核の迷妄』社会思想社，1984 年〕

27) National Council of Catholic Bishops, *The Challenge of Peace: God's Promise and Our Response* (Washington D. C.: Office of Publishing Services, U. S. C. C., 1983), 39, v. 同じく，正義の戦争のための根拠を制限する世俗的解釈を正戦論の教義に与えているものとして，以下を見よ。Robert W. Tucker, *The Just War: A Study in Contemporary American Doctrine* (Baltimore: Johns Hopkins University Press, 1960).

28) V. I. Lenin, "The Question of Peace" (1915), in *Collected Works* (Moscow: Progress Publishers, 1968), 91: 290–94, 297–338.〔ウラジーミル・I. レーニン「平和の問題」日本共産党中央委員会レーニン選集編集委員会編『レーニン 10 巻選集 6』大月書店，1971 年〕以下も見よ。"Socialism and War" (1915), 91: 297–338,〔ウラジーミル・I. レーニン「社会主義と戦争」日本共産党中央委員会レーニン選集編集委員会編『レーニン 10 巻選集 6』大月書店，1971 年〕and, "April Theses, 1917," 24: 21–26.〔ウラジーミル・I. レーニン，高山洋吉訳「四月テーゼ」『遠方からの手紙・四月テーゼ　レーニン文庫』第三書房，1950 年〕

29) M. Rejai, ed., *Mao Tse-tung: On Revolution and War* (Garden City: Doubleday, 1970), 67.

30) D. McLellan, ed., *Karl Marx: Selected Writings* (Oxford: Oxford University Press, 1977), 568–69.

第5章 人道的緊急事態

1) James M. Washington, ed., *A Testament of Hope: The Essential Writings of Martin Luther King, Jr.* (New York: Harper and Row, 1986), 224–26.〔キング牧師によるノーベル平和賞受賞記念講演は，以下に所収。C. カーソン他編集，梶原寿訳『私には夢がある—— M. L. キング説教・講演集』新教出版社，2003 年〕

2) "Global Humanitarian Emergencies, 1995," statement released by the United States Mission to the United Nations (New York: United Nations, 1995), 1.

3) Ibid.

4) Randolph Ryan, "As Slaughter Prevails, Aid Groups Assess Role," *Boston Globe*, May 14, 1994, p. 1.「人道的支援における倫理的および法的問題に関する専門調査会」によって以下で提起された定義も見よ。*The Mohonk Criteria for Humanitarian Assistance in Complex Emergencies* (New York: World Conference on Religion and Peace 1994), 14, n 1. こうした緊急事態に関する問題を扱った議論としては，以下における二つの特別記事を参照せよ。*Medicine and Global Survival* 1, nos. 3–4 (September–December 1994), edited by Jennifer Leaning, M. D., and Lincoln Chen, M. D.

5) ラテン語の *complexus* は，「一緒に編み込まれた」を意味し，「一緒に編み込まれた」，「織り込まれた」，「一緒に結びつけられた」といった語は，「複合的《コンプレックス》」という語の定義としてしばしば辞書に出てくる。

6) David Hume, *An Enquiry Concerning the Principles of Morals* (1751; Indianapolis: Hackett Publishing Co., 1983), section III, part.〔デイヴィッド・ヒューム，渡部峻明訳『道徳原理の研究』晢書房，1993 年〕

7) Judith Shklar, *The Faces of Injustice* (New Haven: Yale University Press, 1990), 2.

8) *Oxford English Dictionary; American Heritage Dictionary.*

9) *American Heritage Dictionary.*

10) Albert Schweitzer, *On the Edge of the Primeval Forest* (London: A. and C. Black, 1922).〔アルベルト・シュヴァイツァー，浅井真男・国松孝二訳『水と原始林のあいだに』白水社，1996 年〕

11) 以下を見よ。Thomas M. Franck and Nigel S. Rodley, "After Bangladesh: The Law of Humanitarian Intervention by Military Force," *American Journal of International Law* 67 (1973): 275–305.

12) 以下を見よ。David J. Scheffer, "Toward a Modern Doctrine of Humanitarian Intervention," *University of Toledo Law Review* 23 (winter 1992): 293. 介入の際の複

合的な動機に関する議論については，以下を参照せよ。Michael Walzer, *Just and Unjust Wars* (New York: Basic Books, 1977)，および，Jarat Chopra and Thomas G. Weiss, "Sovereignty Is No Longer Sacrosanct: Codifying Humanitarian Intervention," *Ethics and International Affairs* 6 (1992): 95–117.

13) Médecins Sans Frontières, "Rwanda: The Limits and Ambiguity of Humanitarian Aid," report, Paris, 1994.

14) Rony Brauman, *L' Action humanitaire* (Paris: Flammarion, 1994), 79.〔引用者による英訳を邦訳〕

15) Ian Martin, "The New World Order: Opportunity or Threat for Human Rights?" lecture, April 14, 1993, Harvard Law School Human Rights Program.

16) John Shattuck, "The Human Rights Watch," *Boston Globe*, December 10, 1994, p. 11 内の引用から。

17) 権利についての近年の著作としては，以下を見よ。Annette Baier, "Claims, Rights, Responsibilities," in Gene Outka and John P. Reeder, eds., *Prospects for a Common Morality* (Princeton: Princeton University Press, 1993), 149–69; Jack Donnelly, *Universal Human Rights* (Ithaca: Cornell University Press, 1989); Ronald Dworkin, *Taking Rights Seriously* (Cambridge: Harvard University Press, 1977)〔ロナルド・ドゥウォーキン，木下毅他訳『権利論』全二冊，木鐸社，2003 年（第 1 巻増補版），2001 年（第 2 巻）〕; Mary Ann Glendon, *Rights Talk: The Impoverishment of Political Discourse* (New York: Free Press, 1991); Stanley Hoffmann, *Duties beyond Borders* (Syracuse: Syracuse University Press, 1981)〔スタンリー・ホフマン，最上敏樹訳『国境を超える義務——節度ある国際政治を求めて』三省堂，1985 年〕; Onora O'Neil, *Faces of Hunger: An Essay of Poverty, Justice, and Development* (London: Allen and Unwin, 1986); the essays in Stephen Shute and Susan Hurley, eds., *On Human Rights: The Oxford Amnesty Lectures 1993* (New York: Basic Books, 1993) Henry Shue, *Basic Rights* (Princeton: Princeton University Press, 1980); Judith Jarvis Thomson, *The Realm of Rights* (Cambridge: Harvard University Press, 1990); Lloyd Weinreb, *Oedipus at Fenway Park: What Rights Are and Why There Are Any* (Cambridge: Harvard University Press, 1994).

18) Shue, *Basic Rights*, 19, 119.

19) J. Rawls, "The Law of Peoples," in Shute and Hurley, eds., *On Human Rights*, 41–82, at 68.

20) Ibid., 76.

21) こうした対比をもたらす様々な要因に関する議論については，以下を見よ。Sissela Bok, *Secrets: On the Ethics of Concealment and Revelation* (New York: Pantheon Books, 1982), 102–15.

22) Henry Sidgwick, "Some Fundamental Ethical Controversies," *Mind,* o. s. 14 (1889): 473–87, at 474.

23) Sidgwick, *Practical Ethics* (London: Swan Sonnenschein and Co., 1898), 68.

24) Sidgwick, *The Methods of Ethics*, 6th ed. (1906; New York: Dover Publications, 1966), 246.

25) 例えば，A. A. Long and D. N. Sedley, *The Hellenistic Philosophers* (Cambridge: Cambridge University Press, 1987), 1: 349–50 に引用されているヒエロクレス〔2世紀に活躍したストア派の思想家。同心円の喩えを提唱したことで知られる〕を参照せよ。普遍的な忠誠か，もっと局所的な忠誠か，という今日的な選択の文脈でこの見解について考察したものとしては，筆者自身も含めた29人の回答を掲載した Martha Nussbaum, "Patriotism or Cosmopolitanism?" *Boston Review* 19 (October/ November 1994): 3–6.〔マーサ・C. ヌスバウム他，辰巳伸知，能川元一訳『国を愛するということ』人文書院，2000年〕を見よ。Shue, *Basic Rights*, 134–38 では，最も困窮しているひとびとの生存のためのニーズへの対処は，同心円のあらゆる境界や領域を越えて行われるべきものであり，それは裕福なひとびとの責任だとする文脈で，同心円の喩えに関する議論が展開されている。

26) ピーター・シンガーが主張するように，同心円の喩えは，時に動物を含む範囲にまで拡張することを意図して用いられることもあった。Peter Singer, *The Expanding Circle* (New York: Farrar, Strauss, Giroux, 1981). それは，アルベルト・シュヴァイツァーの意図したところでもある。彼は，生命への崇敬という自らの主張する原理を信奉するひとであれば，誰でも人間と動物との間に一線を画することはできないと主張した。以下を見よ。Albert Schweitzer, *Out of My Life and Thought* (1931), trans. A. B. Lemke (New York: Henry Holt and Co., 1990), 235:「生命への崇敬を示す倫理は，万物にまで拡張された愛の倫理である」。〔アルベルト・シュヴァイツァー，竹山道夫訳『わが生活と思想より』白水社，1995年〕

訳　注

第２章　共通倫理の探求

一）　Israel Zangwill, *Ghetto Comedies 1907*, Kessinger Pub Co, 2003.

第３章　道徳の基盤とは何か

一）　Isaiah Berlin, “Two Concepts of Liberty,” 1958. *Four Essays on Liberty*（Oxford; New York: Oxford University Press, 1969）に再録。アイザィア・バーリン「二つの自由概念」，小川晃一他訳『自由論』みすず書房，1971 年，所収。

二）　邦題は，『自由論』（小川晃一他訳，みすず書房，1971 年）。この文章は「序論」からの引用。

第４章　永久平和の擁護者

一）　Thucydides, *History of the Peloponnesian War,* with an English translation by C. F. Smith, vol. 1-4, Loeb Classical Library（Cambridge, Mass.; Harvard University Press, 1991–92）トゥキュディデス，村川堅太郎訳「戦史」『世界の名著 5』中央公論社，1998 年（抄訳）。全訳は，トゥーキュディデース，久保正彰訳『戦史』全三巻，岩波文庫，1966–67 年。

二）　Documents of the United Nations Conference on International Organization（San Francisco, 1945）. 1945–1954. 22v.